# 紙本著色織田信長像

信長の没後、狩野元秀によって描かれた。五三桐紋は足利義昭からの拝領。
（愛知県豊田市・長興寺蔵）

## 金華山と長良川

金華山山頂にある岐阜城は、
さまざまな戦いの場となった。
（岐阜市）

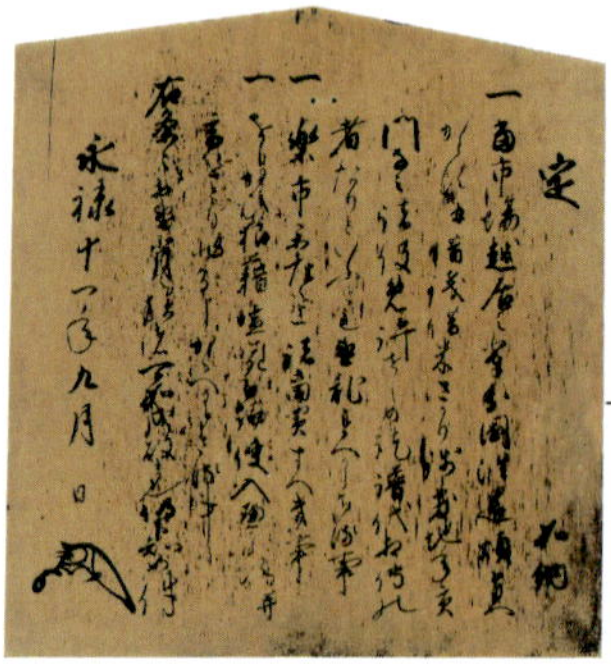

## 楽市楽座制札

岐阜町の南にある加納に出した制札。この政策によって岐阜町は賑わいをみせていた。
（岐阜市・円徳寺蔵）

## 天下布武印の朱印状

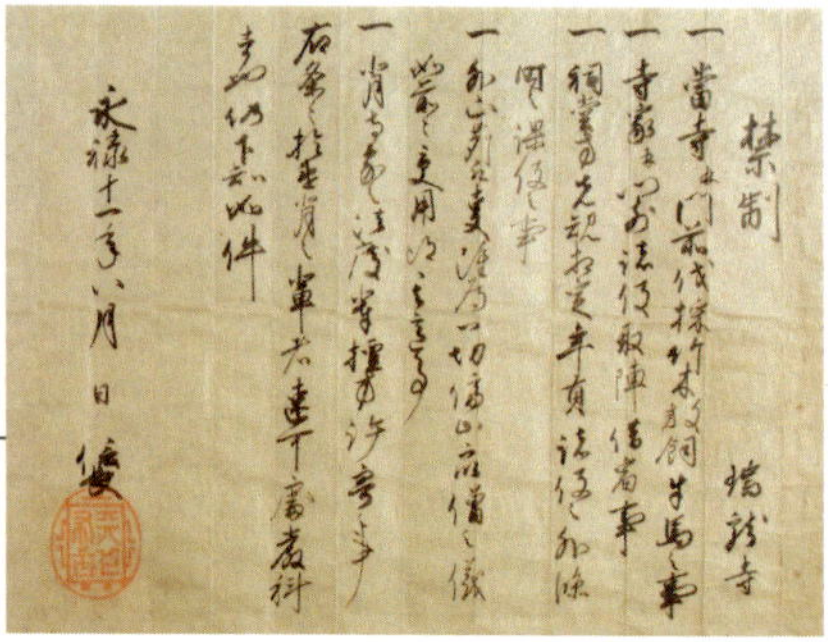

信長は、永禄10(1567)年より「天下布武」の印を用いた。
（岐阜市・瑞龍寺蔵）

## 清洲城跡の信長像

若き日の信長像。小牧に移るまで青年時代の信長の居城だった。
（愛知県清須市）

## 小牧山城

永禄6(1563)年、信長は拠点を清洲から小牧に移し城下町を築いた。
（愛知県小牧市）

## 犬山城

永禄8(1565)年、信長によって攻略された。
（愛知県犬山市）

## 長篠合戦図屏風

天正３(1575)年、信長が武田勝頼と戦い勝利した長篠の戦いを描く。
（愛知県・犬山城白帝文庫蔵）

## 猿啄城跡から木曽川を見る

永禄８(1565)年、信長は斎藤方の猿啄城を攻め落とした。
（岐阜県坂祝町）

## 岩村城跡

織田と武田との攻防の城。織田信忠によって天正３(1575)年、攻め落とされた。（岐阜県恵那市）

## 姉川

元亀元(1570)年、姉川を舞台にして織田勢と浅井勢が戦い、織田勢が勝利した。

（滋賀県長浜市）

## 小谷城跡

浅井氏の居城。天正元(1573)年、落城した。麓の郡上、伊部あたりは城下町のようだったという。（滋賀県長浜市）

## 延暦寺山門

延暦寺は朝廷とも対抗できる権力を持っていた。信長の焼き討ちで多くの建物が焼失したという。

（滋賀県大津市）

## 安土城跡

安土城跡上空より西の湖を見る。当時、安土城の北は琵琶湖であった。（滋賀県近江八幡市）

## 安土城跡、南からの遠望

安土城のまわりには家臣団の屋敷が建てられていた。（滋賀県近江八幡市）

## 本能寺跡

信長終焉の地となった本能寺は、のち豊臣秀吉によって移転。現在は住宅地となっている。（京都市中京区）

## 明智光秀像

坂本城跡にある光秀像は琵琶湖を望むようにある。
（滋賀県大津市）

# 信長と美濃

岐阜新聞社

# 監修のことば

土山 公仁

本書はＮＨＫ大河ドラマ『信長』が放映された一九九二年、岐阜新聞で一年間連載された記事がベースになっている。担当された永井豪さんは月に数回私が勤める博物館で若干のアドバイスをさせていただいたが、その都度、取材に出かけた信長ゆかりの地についての情報をきかせていただくのが、うらやましくもあり楽しみでもあった。

今回、相談役から監修者という役どころを替え、原稿を読み直してみた。若き日の私自身やこの本の製作中に急逝された永井さんをはじめすでにお亡くなりになった方々に再会できた懐かしさとともに、一番印象に残ったのは、信長にとって美濃は、美濃にとって信長は何だったのか、という記者の視点が決して古びていないことだった。ぜひ、そのことを念頭におきながらお読みいただければと思う。

# 目次

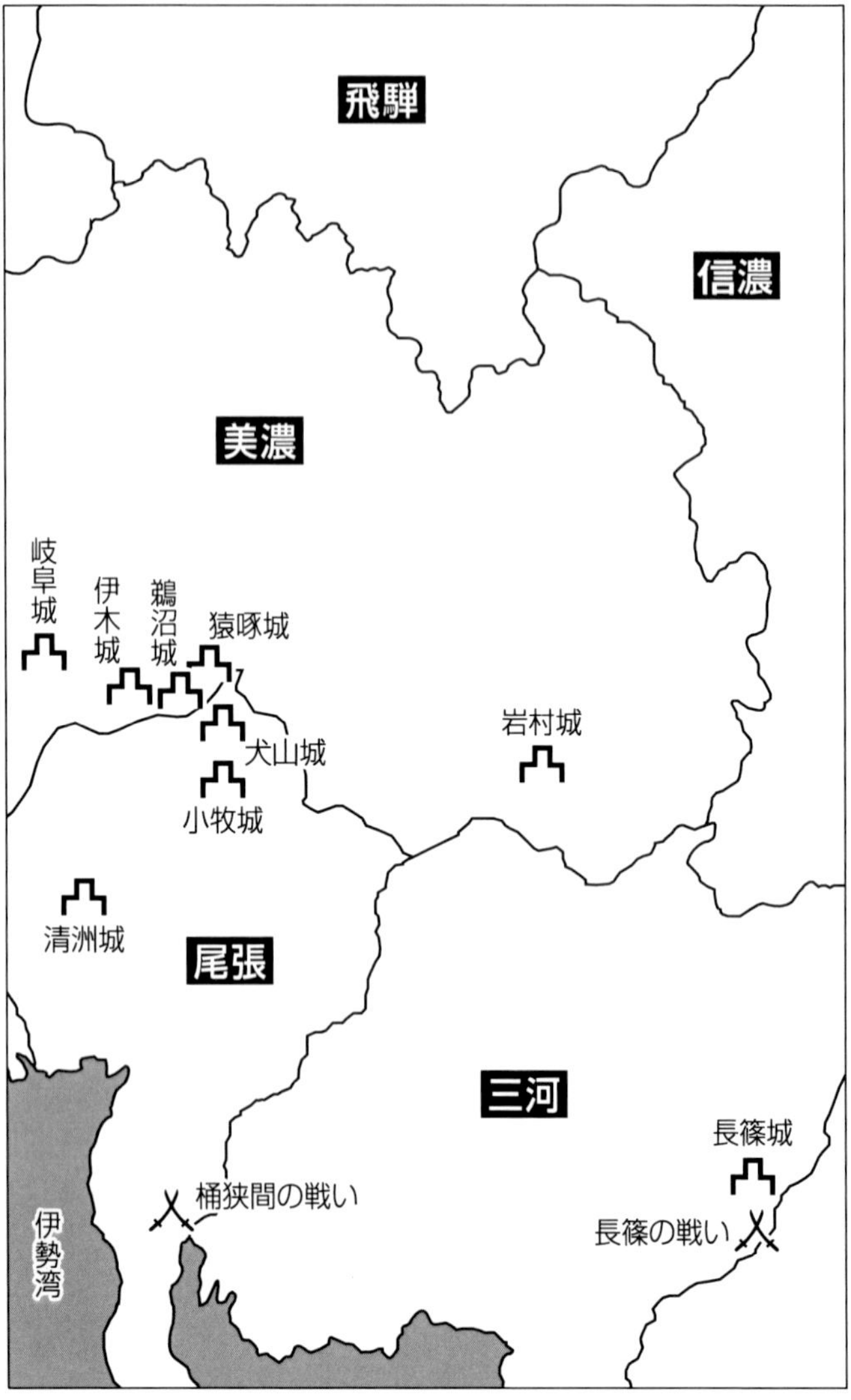
飛騨
信濃
美濃
岐阜城
伊木城
鵜沼城
猿啄城
犬山城
岩村城
小牧城
清洲城
尾張
三河
長篠城
桶狭間の戦い
長篠の戦い
伊勢湾

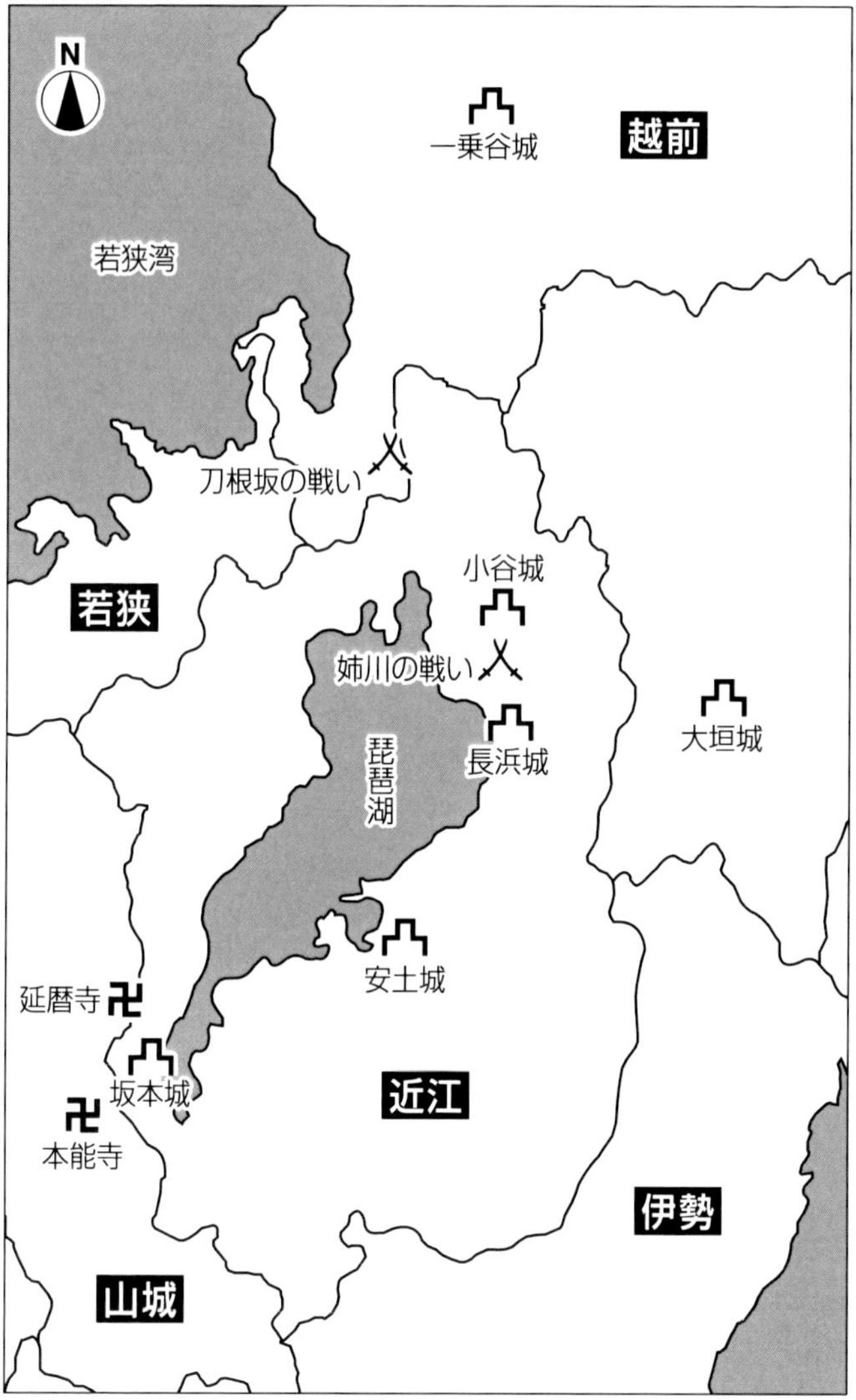
N
一乗谷城
越前
若狭湾
刀根坂の戦い
小谷城
若狭
姉川の戦い
大垣城
長浜城
琵琶湖
安土城
延暦寺
坂本城
近江
本能寺
伊勢
山城

# 序章　あけぼの

# あけぼの

戦国の乱世に終止符を打ち、近世の扉をこじ開けた織田信長。〝天下人〟の夢を描いて信長が駆けめぐった美濃の天地は四百五十年余の歳月を経て今、私たちの目の前にある。国際都市「岐阜」のにぎわいは当時、世界的都市バビロンにまで例えられたが、「岐阜」という地名を定着させ、ここを「天下布武」の拠点としたこの信長の時代こそ、日本の歴史の中で美濃が最も光り輝いていた時代であったろう。

では、信長にとって美濃とは何だったのか、美濃にとって信長とは何だったのか。史実が語る風雲児・信長の生涯や岐阜県内に数多く残るゆかりの史跡を追いながら、美濃の近世のあけぼのを浮き彫りにしてみたい。

## 水との闘い、美濃の宿命

正月の朝、揖斐郡春日村（揖斐川町）の池田山から東を望むと、朝焼けの空に揖斐川の流れが光って浮かび上がる。その左手向こうに、岐阜城を頂に乗せた金華山の山峰がシルエットとして現れる。陽《ひ》はそのずっと右手奥、小牧から名古屋の辺りから昇る。夏が近付くと、この日の出の位置は、ちょうど金華山の真後ろまで北上する。信長の時代も、その昔も今も、美濃の平野のあけぼのは、こうして日々規則正しく繰り返されている。

「美濃」は元来「三野」だったという。青野ケ原、各務原、そして今はその名も失われた岐阜近辺。その三つの原野のあるところといった意味であろうか。天皇兄弟が争った世紀の大乱・壬申《じんしん》の乱（六七二年）の舞台は「三野」だったが、大宝律令（七〇一年）では「御野」に代わり、その八世紀のうちに「美濃」の表記が定着したとされる。

昭和四十一（一九六六）年、金華山の南稜、瑞龍寺山の山頂で幾多の弥生式土器片とともに中国伝来の鏡が見つかった。その五年前には金華山の北側に長良川を隔ててそそり立

金華山上空より西を望む（岐阜市）

つ百々ケ峰南麓の龍門寺古墳から三枚の鏡が出土している。金華山を中心にしたこの辺りが弥生時代から開け、古墳時代には大和朝廷配下の豪族が住んでいたことを物語っているのだ、と考古学者は言う。

錆《さび》た古鏡に問うまでもなく、今、金華山頂の岐阜城から濃尾平野を一望すれば、美濃の山河を舞台に展開された歴史のロマンがひたひたと胸に迫ってくる。

「人間五十年、下天のうちをくらぶれば夢幻のごとくなり、一度生を得て滅せぬもののあるべきか……」

信長が死の間際まで愛唱したという幸

若舞「敦盛」の一節は、戦国の英雄の激越なる生涯を語って余りある。流れる川面に浮いては消えるうたかたのような、人の生き死にのはかなさに比べれば、自然は悠久のように思われるが、しかしその自然も絶え間なく息し、その姿を変えている。

信長は天文三（一五三四）年五月に生まれたが、同年九月、郡上川（長良川）大洪水があった。『岐阜県治水史』ではこの時、岐阜市太郎丸から高富、深瀬と貫き、伊自良川を合わせて南流していた流路が変わり関市千疋から芥見、長良、早田とたどるほぼ現況の流路を開いたとしている。

これが正説とするなら、長良川は信長誕生のその年に初めて金華山の北壁に添うように流れ、山城の要害をさらに堅固にし、山紫水明の風光を引き立たせたことになる。でき過ぎた話だが、その後の研究でどうやらこれは伝聞に過ぎず、『岐阜市史』などでは、長良川は古来、金華山の裾《すそ》を洗うように流れていたとしている。この混乱も、もとはといえば大洪水で乱流ぶりがひどかったからだろう。長良川ばかりでなく木曽三川みな、このころ頻々と大洪水を起こしている。

信長が生まれる四年前の享禄三（一五三〇）年、杭瀬川の流路変更で今の揖斐川ができた。

信長が横死した天正十（一五八二）年の四年後というが、今の境川筋を流れていた木曽川は尾張寄りに流路を変え、各務原市前渡から笠松、羽島へと南流する今の流路に変わった。やがて慶長十三（一六〇八）年、新しい木曽川の左岸で尾張藩による「御囲い堤」築造が始まると以降、美濃は木曽三川の水との過酷な闘いの歴史を宿命として強いられていくのである。

「戦国時代に入って乱伐の弊しきりに起こり、山林は全く荒廃に帰した。加うるに出水に関係の深い焼き畑が盛んに行われた。こうしたことが大洪水頻発の主な原因の一つとなった」と『岐阜県治水史』は説く。

暁に映える美濃の平野を眺めつつ、歴史を思う。このように山河は時代をつくり、時代につくられつつ、その時々の人々の生死を規定してきた。信長もまた、その一人だったと。

## 世界との遭遇　美濃に初の西洋文化

信長の時代に、日本は初めて「世界」と出合った。信長の本拠美濃にとっても初めて「世

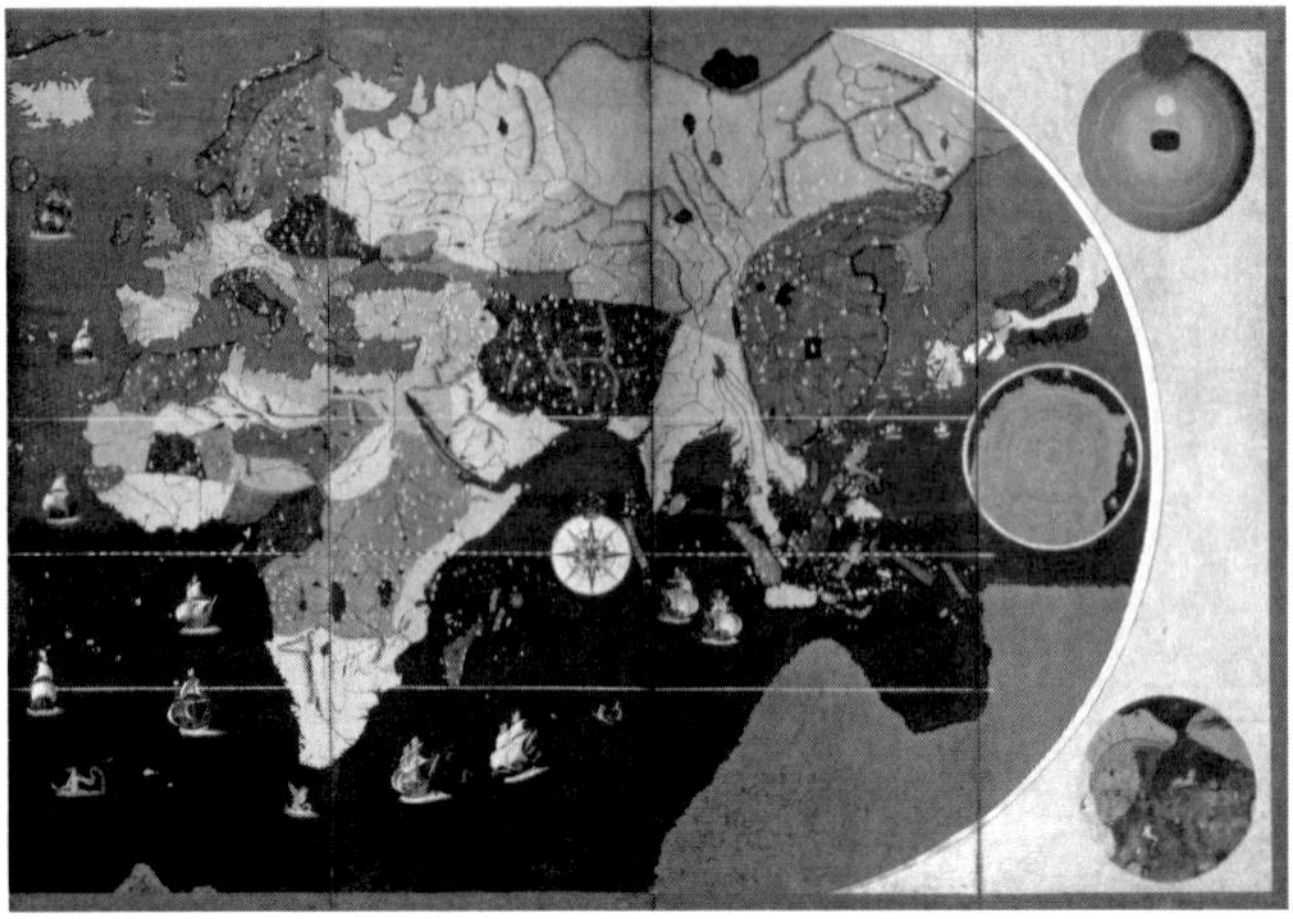

界と遭遇」した時代だった。ポルトガルの宣教師フロイスは永禄十二（一五六九）年、岐阜城に信長を訪ねキリスト教布教を許可された。西洋人が美濃に足跡を残したのは、恐らくこのフロイスが第一号だろう。

　中世以前の美濃で西洋の遺物を探すのは難しい。奈良時代の仏鉢という護国之寺（岐阜市長良）の「金銅獅子《しし》唐草文鉢」（国宝）には、名の通りライオンが彫り込まれていてシルクロード伝来の文明のにおいがするが、「西洋」ではない。

　江戸時代はどうかといえば、明治の足音を聞くまで美濃に「西洋」のにおいはない。昭和三年発刊の『岐阜市史』に登場する粗

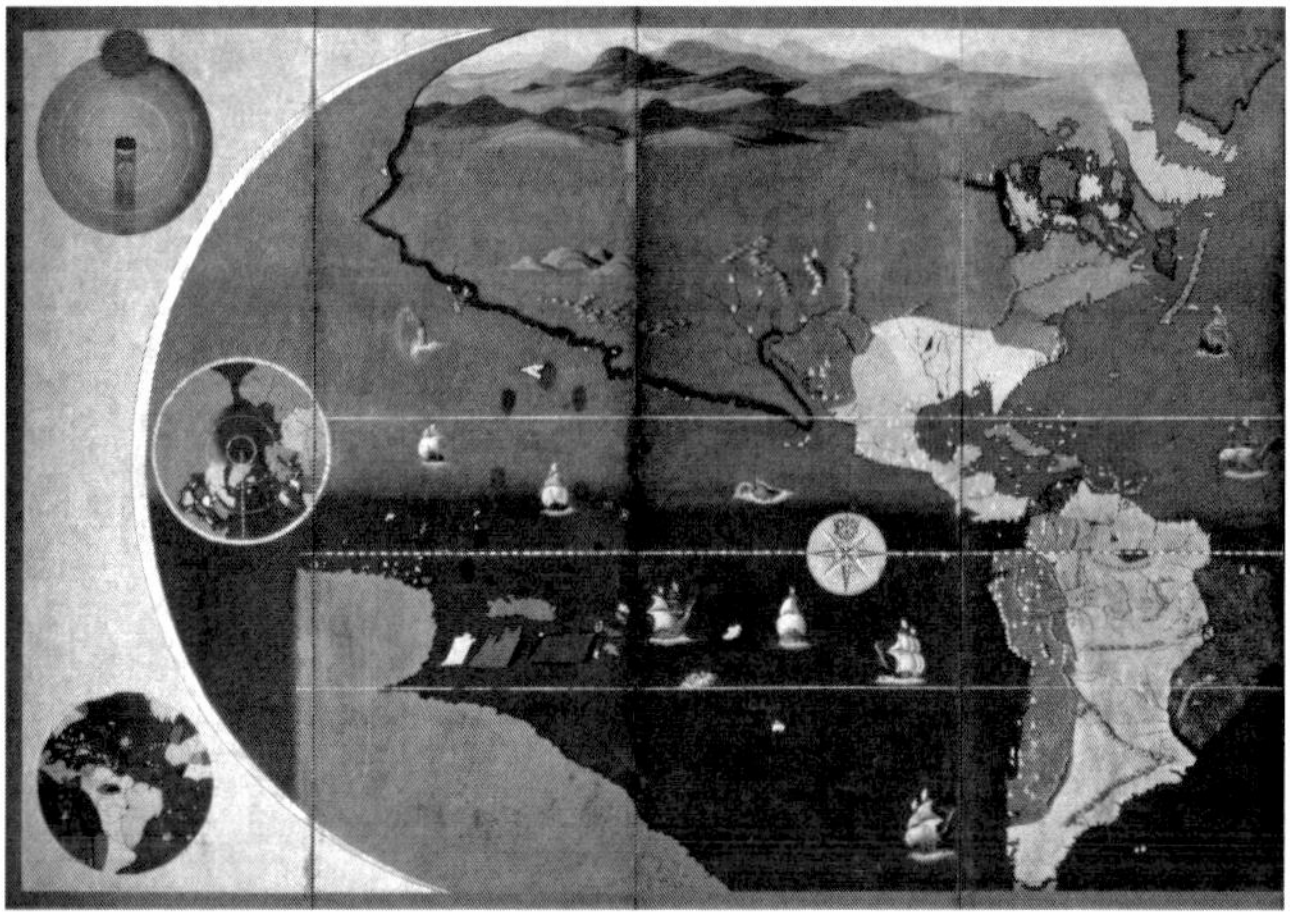

四都図・世界図屏風（神戸市立博物館蔵）
Photo : Kobe City Museum / DNPartcom

末な白磁のマリア観音像も、江戸時代の隠れキリシタンの受難を物語りこそすれ「西洋」ではない。パッタリと消えてしまっているのである。

わずかに信長の時代こそ美濃が世界に光を放ち、西洋の影響の中で独特の文化が育ったのだが、それも推測するしかすべがない。

ではその時、世界はどのようだったか――。

金色さん然とした一隻の「世界図屏風《びょうぶ》」。神戸市立博物館所蔵で、一六一〇年ごろの作らしい。六つの小円に月食、日食、北極、南極、それに日本を中心とする太平洋と大西洋の図があり、「四都図」とセットになっている。ポルトガルのリスボン、イタリアのローマ、スペインのセビリア、トルコのコンスタンチノーブル（イスタンブール）が金泥まばゆく描かれている。

信長が見た「西洋」。植民地を求めて七つの海に大航海し、世界征服に躍起になった十六世紀のヨーロッパがここにある。

信長はフロイスに地球儀を見せられ「地球が丸い」ことを即座に理解した。だが、その半世紀前まで「地球が丸い」ということは、ヨーロッパでもイタリアの天文・地理学者トスカネリらによって示された一つの「仮説」に過ぎなかった。

イタリア人探検家コロンブスがこの「仮説」に動かされ、大西洋を西進し中米のサンサルバドル島に着いたのは一四九二年。彼はこの島をインドの一部と信じて疑わなかったが、彼の死後、これが「新大陸発見」とされた。

もともと存在したのに「発見」というのは「侵略者」の論理そのもので、コロンブスを援助したスペインはメキシコでアステカ王国を滅ぼし（一五二一年）、南米でインカ帝国を滅ぼした（一五三三年）。インディアン迫害の歴史の第一歩でもあった。

西に向かったスペインに対し、東に大航海したのがポルトガル。ヴァスコ・ダ・ガマがインドのカルカッタに着き（一四九八年）、マゼラン一行はフィリピンを経て世界一周を果たした（一五二二年）。

地球が丸いことはこの時実証されたが、ポーランドの天文学者コペルニクスが説いた「地動説」はまだ邪説とされ、認められなかった。

ルネサンスと宗教改革のあらしが吹き荒れる中、信長が生まれた年に旧教派のイエズス会が誕生した（一五三四年）。鹿児島にイエズス会宣教師ザビエルがやってきたのは天文十八（一五四九）年だ。アメリカに侵略した「西洋」がついに日本に来た。

しかし、そこに信長がいた。信長の父信秀が病没し、信長が家督を継いだのはザビエル来日の三年後と言われる。数え十九歳の信長がいよいよ尾張で立ち上がるころである。

# 第一章　海道一の弓取り

## 船田合戦　美濃の〝戦国〟の幕開け

美濃の戦国幕開けの舞台となったのは、明応四（一四九五）年の「船田合戦」である。当時、都は応仁の乱（一四六七〜七七年）以来の戦乱に明け暮れ、荒廃の極みにあったが、美濃は守護土岐氏の統治下、比較的平穏で、都の一流人が疎開しレベルの高い文化を持ち込んでいた。

しかし、〝美濃の応仁の乱〟と言われるこの合戦を契機に、美濃も戦国の渦中に巻き込まれていった。

土岐八代守護成頼。応仁の乱で西軍の主力として戦い、土岐家の名を上げた男だ。それが晩年、愛妾《しょう》に惑い、長男政房をさしおいて妾腹の末子元頼に守護の跡目を継がせようとした。

「そんなばかな」

実力ナンバーワンの斎藤利国は、本命政房を支えた。困った成頼は、そのころめきめき頭角を現していた家臣石丸利光に支援を頼む。利国と利光。二人の実力者は「実権を握る絶好のチャンス」と本気で戦った。

道三はこの時まだ一歳。成り上がり戦国大名の大先輩・北条早雲は既にこの年に小田原城を築いている。下克上の乱雲は諸国にたなびき、尾張織田氏、近江六角氏、越前朝倉氏など近隣勢力が両陣営に加わり、美濃国内の内乱は大戦争になった。

革手城北の土岐氏の氏寺正法寺が、合戦の主舞台。北にかつて大河だった荒田川を挟んで利国の加納城、利光の船田城。三つの城は、小さな三角形の頂点をなす位置のように鼎立《ていりつ》していたという。

「両軍合計二十二の射台が設けられ、堂の上には監視所が置かれた。寺内の木は切り倒され、柵《さく》が設けられ、土塁が築かれ、川の水が引かれ、堀が掘られた……。正法寺の仏殿、僧堂、庫院、浴室、鐘楼などはみな破壊され、法喜庵、石門庵、南陽院なども根こそぎ倒壊した……。（利光が放った）火は城下を覆って三日間燃え続け、栄華を誇った革手城下を灰燼《かいじん》に帰せしめた。」（『岐阜市史通史編』）

戦は利国が勝った。利光は近江六角氏を頼って落ち延び、翌年再挙を図って津島から竹鼻、墨俣に進軍し、岐阜市北部の城田寺に陣を敷いた。この戦も利国が勝ち利光、元頼は落命。成瀬も翌年病死して守護土岐氏の栄光は地に落ちた。

船田合戦の舞台となった岐阜市南部、岐阜市史跡「正法寺跡」の一角に薬師堂がある。ここが正法寺跡なら、革手城は南側のはず。五百メートルほど南の旧家で尋ねた。

正法寺跡（薬師堂）（岐阜市）

「ここは南門。この南の水路が南溝、二百メートルほど北の正法寺用水が北溝で、その間の西屋敷と東屋敷を合わせて寺内と言って、革手城のあった所だそうだ。信長の兵火で焼かれて何もなくなってしまったらしい」

地元に住む纐纈順三はそう言って南溝に案内してくれ

た。幅二メートルもない川だったが、城の堀の名残かと汚い水面を眺めた。

「子供のころは水もきれいでここで泳いだ。この南は戦前まで馬場と呼んで、お侍が昔、馬のけいこをした所だと教わりました」

なるほど。信長の兵火というのはともかく、ついひと昔前まで戦国の伝承は生きていたのだ。驚いた。

革手城跡を西に出ると、茜部との境に新荒田川（境川放水路）があった。光樹橋の上で金華山に目をやる。右が革手城、左が船田城、その北辺りに加納城。

しかし、そこはもう船田合戦をしのぶにはあまりに雑然としたただの街外れ。戦国の歴史のにおう風景は、もはや失われていた。

## 風雲大垣城　西濃諸豪の懐柔拠点に

信長が登場してくるころの美濃は、一体どんな状況にあったたか。

「室町時代の守護大名土岐氏の没落に直撃をかけたのが斎藤道三。だが、まだこのころは国としてのまとまりはなかった」と、土山公仁岐阜市歴史博物館学芸員は言う。

土山によると、道三の時代の美濃は、越前からは朝倉、近江から浅井氏が、南の尾張からは信長の父信秀の軍勢が攻めてくるといった、まさにいつひっくり返るとも知れぬ不安定な時代だった。土山は続ける。

「道三とか北条早雲とかは戦国のいわば第一世代。中世のさまざまな制度をかきまぜながらも、まだ根底から壊してはいない。それに対し、戦国の第二世代といえる信長の時代には、何らかの新しい考え方とか秩序を打ち出さないといけない時代だった」

信長はそんな、革命を求める時代の、待ちに待ったヒーローだった。

「道三を長良川合戦で戦死させたその子義龍の時代になると、美濃全体がやっとまとまりを持ってくる。義龍は政治的に最も力量があったと思えるが若死にしてしまう。次の龍興の時代になると、今度は当主が若いせいもあって重臣たちに歯止めが利かなくなる。そのすきを突いたのが信長で、斎藤の重臣たちを一人ずつ骨抜きにし、父が何度も試みてできなかった美濃攻めをついに遂げるわけです」

信長の父、信秀は天文十三（一五四四）年八月、西濃に侵入して大垣城を占拠した。

今、大垣城は大垣市繁華街のど真ん中にある。四層四階建ての壮麗な天守閣が威容を誇っているが、これは天正十六（一五八八）年に築造され、昭和十一（一九三六）年に国宝となったが惜しくも空襲で消失し、昭和三十四年に復元されたもの。信秀、信長の時代にこれほど立派な城郭が存在したわけではなく、水門川の流れを利用した小規模の砦《とりで》と考えた方がいいようである。

この城は天文四年に宮川安定が創築したとか、明応九（一五〇〇）年に竹腰尚綱が創築したとかの説があるが、『新編大垣市史通史編』では天文四年説の方を採っている。

さて信秀は、道三に帰属していた尚綱の甥《おい》重直が守る大垣城を攻め落とす。余勢をかって稲葉山城に道三を攻め、敗北はしたが大垣城に一族の織田信辰を入れ城番とした。

『戦国合戦大事典・五』によれば、信秀はここを拠点に西濃諸豪の懐柔に努めた。そして天文十六年九月、信秀は再び美濃に侵入し、諸所に放火して稲葉山城に迫ったが、夕刻となり兵を収めるところを道三に追撃され、加納口で大敗を喫した。

（注）ここまでの戦いは、現在では天文十三年のできごとと考えられている。

同書で「大垣城の戦い」をさらに追う。

道三は勢いに乗じて信辰が守る大垣城を攻める。急を知った信秀はこれを救おうと再び美濃に侵入し竹鼻に放火、さらに茜部に布陣した。だがこの時、清洲城の家老坂井大膳、川尻主馬が信秀の居城古渡の城下を焼くという急報が入り、急ぎ尾張に帰った。この勝負、道三の勝ちで終わる。

信長はこの時十三歳。数え十三の元服は前年に終えている。

先に挙げた『大垣市史』では、道三が近江の浅井氏の援助を得て大垣城を奪回したのは翌年十一月。大垣城は再び道三配下の竹腰重尚の子尚光が主となるが、その九年後にはこの尚光が道三を裏切り、義龍方について長良川合戦を道三と戦い、敗死するのである。

## 聖徳寺の両雄　信長の器量を見抜いた道三

信長と道三が「尾張富田荘聖徳寺（正徳寺）」で対面する話は、信長の軍記物で最も信頼度が高い『信長公記』に登場する。二人が会見したのは天文二十二（一五五三）年と考えられる。

髪を茶筅髷《ちゃせんまげ》に巻き上げ、麻衣の片肌を脱いで太刀、脇差《わき》しを縄で巻き、腰には猿使いさながらに、火打ち袋と瓢箪《ひょうたん》七つ、八つ。虎《とら》と豹《ひょう》の皮を縫い合わせた半袴《はかま》をはいて……

信長のいで立ちはふだんの評判通り、大うつけ然としていたが、兵列はいかにも強そうで、長槍《やり》隊と鉄砲隊が五百人ずつ。道三側の軍備をはるかにしのいだ。

帰り道、「あかなべ」という所で家来の猪子高就が道三に「何と見申し候ても信長はたわけにて候」と言ったら、道三は「されば無念なること。わが子がたわけの門外に馬をつなぐことになろう」と答えた。

つまり、道三は自分の子がやがて信長の家来になるという大胆な予測をした。さすが道三、信長の器量を見抜いたというわけだが、そこは勝者・信長側軍記の〝書き得〟というものだ。

愛知県尾西市（一宮市）起町の南部に尾張富田荘の聖徳寺跡という碑が建っている。堤防がすぐ裏手にある。史跡説明を見た。

「聖徳寺は親鸞《しんらん》上人に帰依した閑善の開創で、もともと美濃大浦郷にあったが、永正年中（一五〇四～二一年）にこの富田村に移った……天正十二（一五八四）年五月一日、豊臣秀吉がここを本陣として加賀野井城を攻めた……同十四年の洪水で堂宇がことごとく流失したので、美濃の三ツ屋（羽島郡笠松町長池）に移り、その後転々として名古屋に現存している」

だが「聖徳寺跡」は愛知県一宮市や羽島市説もある。笠松町発行の『ふるさと笠松』によると、同寺は親鸞ゆかりの由緒ある寺で浄土真宗の濃尾布教の拠点だったが、永享六、七（一四三四〜三五）年ごろの洪水で大浦から南隣の富田に移ったとある。

笠松町中央公民館発行の『笠松町文化財めぐりガイド』に、同町田代の白鬚《しらひげ》神社が「信長・道三両将決別の地」とある。

聖徳寺があった位置が南隣の正木町なら、『信長公記』に「二十町ばかり見送り候」とある距離の具合はいい。帰途の「あかなべ」が岐阜市茜部だとみれば、これもピッタリ。白鬚神社へ行ってみた。しかし、四百年余の昔に思いをめぐらしてみるとて、そのようすがは何もない。

木曽川は天正十四年ころに今の河道ができるまで境川筋を流れていた。その南岸の羽島は元は尾張国葉栗郡、中島郡であり、支派川が乱流していた。現在の木曽川で中島郡が断ち切られ、その一部が尾西市（一宮市）になった。「加賀野井」の地名など、羽島、尾西両市に残っているのもこのためだ。

## 無動寺の鐘　幾多の合戦で士気を鼓舞

「信長が陣鐘として使った梵《ぼん》鐘がある」と聞いて、羽島郡笠松町無動寺の光得寺を訪ねた。門の横の鐘楼にその梵鐘はあった。小振りだが形は良い。「室町風の梵鐘」として岐阜県の重文になっている。

説明板に「文明七（一四七五）年に各務原市長塚の手力雄神社の鐘として作られたが、大永五（一五二五）年に春日井市高田寺へ、また、天正十四（一五八六）年に名古屋市大須の万松寺に移り、ここから手放されていたものを明治九（一八七六）年に光得寺が入手した」とある。

興味深いことに、永禄三（一五六〇）年ごろ、信長の家臣・岡本太郎右衛門重政を初代とする鋳造業「ナベヤ」が創業し、天正十四年にこの鐘を改鋳した。万松寺は信長の父信秀の菩提寺である。信長の陣鐘として幾多の合戦で士気を鼓舞し、信長の死後、ゆかりの者が改鋳、因縁の寺の鎮魂の鐘としたという筋書きは、十分考えられる。

「ここは元々は天台宗だったが、延元元・建武三（一三三六）年に真宗の寺になって、蓮如自筆の〝南無阿弥陀仏〟の軸もありますよ」と二十四代松原賢龍住職は言う。この寺も先の聖徳寺（正徳寺）と同様、真宗布教の拠点だったらしい。

松原住職は寺の南の「土岐塚」へ案内してくれた。一帯は「無動寺古戦場」（笠松町史跡）で、この戦いで落命した土岐頼香の墓だという。説明板をみてみる。

天文十三（一五四四）年九月、織田勢五千余人は越前の朝倉勢七千余人と相呼応して八月十五日を期して稲葉山を挟撃せんとするや、道三は土岐八郎頼香を大将に「お成り道」筋を大手とする軍をおこし、無動寺村に進め安養山光得寺を砦構に取り立てた。

これを知る織田勢は密《ひそ》かに十四日夜半、寺を取り巻き四方から天を焦がさんばかりに篝《かがり》火を焚《た》いた。不意を突かれた寺の内外に陣する頼香の軍営は人馬もろとも興奮とざわめきに混乱を呈した。

さきには道三は近頃《ごろ》手なづけた松原源吾（葉栗郡松原の住人）に頼香殺害を密命していた。源吾はこの時ぞと郎党十数名をひき連れて頼香の寝所に乱入して自害せしめた。頼香は道三のために戦いながら土岐一族を滅ぼさんとする野望の前に何の罪もなく消えたのである。

大将を失った岐阜勢、頼香の諸将はなす術《すべ》もなく手勢を連れてそれぞれの在所へ退散し頼香はむなしく寺の隣の薮かげに葬られた。

土岐塚はこの岐阜勢の大将土岐八郎頼香（土岐嫡流政房八子、道三の女婿）の墓である。

（注）　土岐頼香は、華厳寺文書から天文十七年まで生存が確認できる。

やぶは今は民家の庭先になっていた。

道三はこの戦の時、最大のピンチに立っていた。道三が追い払った美濃守護土岐二郎を支援した信秀が越前と連合し二万五千の兵を集めて、南北から井ノ口城下に迫っていたからだ。

しかし、道三は小勢ながらこれを撃破し、信秀軍を木曽川に追い詰めて二、三千人を水

織田塚（岐阜市）

死させた。

「弾正忠（信秀）一人やうやう無事帰宅」（『東国紀行』）とあるほどに、信秀の負けっぷりはさんたんたるものだったらしい。

この時の織田軍の戦死者を葬ったのが「織田塚」（岐阜市霞町。なお一部は神田町の円徳寺境内に改葬されている）だという。

信秀は天文十七年八月、西濃からまた稲葉山城を攻めた。ここに至って道三は信秀と和し、娘帰蝶を信秀の嫡男信長に嫁がせた。信長の家老平手政秀が仕組んだという〝政略結婚〟である。

尾張統一に苦闘する信長にとって、斎藤道三ほど心強い後ろ盾はなかっただろう。道三の娘・帰蝶を妻とし、聖徳寺で互いの器量も見届けている。

天文二十三年一月。駿河の今川勢が尾張に侵入し村木に砦を築いた。信長の求めに応じて道三は安藤守就と兵一千騎を援軍に送った。（『信長公記』）

道三とのかかわりは、やがて信長をして美濃統治のみならず、天下布武に猛進させる。

## 道三の遺言状「信長に美濃一国を譲る」

斎藤道三は通説では京都出身で、油売りから美濃の主に成り上がった。

しかし、『岐阜県史』編纂《へんさん》中に見つかった史料「春日文書」によって、道三の〝国盗《と》り〟は父子二代で成したものであることが分かった。油売りから長井新左衛門尉となるまでが道三の父の代で、それ以降が道三という二代説が今や定説となっている。

ところが、作家らは今も〝油売り道三〟で通す場合が多いようだ。劇の都合で〝食い物〟にされているとあっては道三も、さぞかし不本意なことだろう。

なにしろ〝マムシ〟と言われた男だ。主家を次々と食い殺したり、牛裂きや釜煎《かまい》りといった残酷な処刑をした。

坂口安吾は『梟雄《きょうゆう》』という短編でこんな道三を活写した。やみを切り裂き獲物に飛び掛かるフクロウの非情無残なイメージを重ねて大衆に受けた。

斎藤道三画像（常在寺蔵）

が、こんな声もある。
「フクロウほど魅力あふれる鳥はいない……顔は表情豊かで親しみ深く文句無く知的である」（写真家宮崎学）
フクロウのことを古代ギリシャのアテネでは「知恵の女神」と呼んだという。日本でも室町時代は「天眼力、神通力にたけた鳥」とか「悪魔を払いのける鳥」

道三塚（岐阜市）

とみていた。フクロウの多様なイメージで道三を見直してみたらどうだろう。女神とまでは思えないが、娘の帰蝶には魅力的なイメージがある。父道三とて同様であってもいいはずだが。

さて、美濃が戦国の渦中に突入した船田合戦（一四九五年）の時、道三は一歳そこそこだったろうか。

四十一歳の時、守護の土岐二郎を追放し、主君土岐頼芸を美濃国守護にのし上げ実権を握った。七年後、道三は勝負に出た。大桑城にいた頼芸を国外に追放し、美濃をぶん盗ったのだ。

二年後、その四年後と尾張の信秀が攻

めてきた。道三は信秀と講和し、帰蝶を信長に嫁がせ、頼芸を大桑に戻す。だが、信秀が病死すると、道三は再び頼芸を追放し自ら美濃の主となる。天文二十一（一五五二）年。五十八歳でついに〝国盗り〟を果たす。

しかし、それからわずか三年後、道三は家臣団によって引導を渡され、鷺山城に下る。翌年秋。稲葉山城の嫡子義龍は、後に信長の家臣となる日根野弘就に命じ、道三の二男と三男を謀殺させた（三男生存説あり）。道三は長良川中渡で義龍と争うが、あえなく敗退した。

さらに翌年四月。再び中渡で父子が戦う。義龍は二万余、道三はわずか二千。道三背水の陣も一日で敗色濃くなり、死期必定の道三は末子に遺言状を書いた。

その翌日。落日の長良川ですべては終わった。城田寺に向け敗走する道三を義龍の兵が追い、鼻をそぎ、首を落とした。享年六十三歳。梟雄は無残に果てた。弘治二（一五五六）年四月二十日のことという。

「道三遺言状」は、京都妙覚寺所蔵品や大阪城天守閣所蔵品など何通かある。どれも年号とか、「山城守道三」と書いているあたりが子への手紙としては妙だし、本物かどうか疑問が多い。が、事実経過を知る上では極めて重要視されている。「美濃を信長に譲る」と書いてあるからだ。

信長は道三の求めで大良（羽島市正木町大浦か）まで出陣、河原で義龍勢と交戦した。しかし、道三の敗死を知り、尾張半国の主・織田信安が義龍と申し合わせ清洲城下に火をかけたという情報も入って兵を引いた。

この時、しんがりを務めた信長は二十三歳。鉄砲を撃ち放って敵を近付けず、舟でゆうゆうと引き揚げた。（『信長公記』）

あれは三年前か、道三と聖徳寺で会見した時はなうての不良児だった。今、威風堂々と隊列を組む信長はまさしく尾張の雄だ。

織田・斎藤の尾張・美濃同盟は道三の死であっけなく終わった。信長は義父の「美濃国譲り状」という申し分ない大義名分を手に、美濃侵攻の野望をいよいよ膨らませていく。

## 織田のルーツ　祖先は越前の豪族か

道三は美濃一国を嫡男義龍ではなく、尾張の婿信長に譲ると遺言して死んだ。

「信長何するものぞ。氏素性の分からない〝尾張のうつけ〟に、せっかく手にした美濃をおいそれと渡せるものか」

義龍はそんな思いでいたに違いない。当時、義龍の耳に、信長の出自はどのように伝わっていたのだろうか。

『寛政重修諸家譜』など現存の織田系図はどれも、信長を平清盛の直系で近江津田氏の流れとしている。

だが、室町時代の織田氏は藤原姓。天文十八（一五四九）年、信長自身も熱田八カ村にあてた禁制に「藤原信長」としている。

信長が「平信長」を名乗るのは将軍後継を自認した元亀二（一五七一）年ごろからで、源氏と平氏が交互に政権を取るという〝源平交代〟思想によるもの。

確たる証拠は無いが、祖先は越前織田荘の豪族で、織田剣神社神官の忌部氏の子孫とする説が多い。

織田荘は現在の福井県丹生郡織田町（越前町）。「おた」と澄んで読む。越前海岸まで十キロ。静かな盆地で、山の木と良質の粘土が陶芸と窯業の伝統を今に残した。

「丹生の地名は水銀、鉄の産地を物語る。六世紀初め、越前から大和に招かれた継体天皇のように、豊富な金属資源と金属技術が、越前織田氏をルーツとする信長台頭の背景にあったのではないか」（作家丸田淳一）

なるほど尾張も当時、全国有数の鉄産地。十三世紀から十六世紀にかけての鉄地蔵が数多く残っている。

越前と尾張を結ぶ鉄の道は、白山越えの道だったろうか。美濃はその中間にある。ふいごを使わない野だたら作りに、伊吹おろしが吹き抜ける美濃の風土は適していただろうし、丹生と根尾は同じ語源とする説もある。名刀・関の孫六を生み、金属の神・南宮神社を祀る美濃は鉄文化の回廊だったのだろうか。そう考えると、信長と美濃との縁はまた深まっていく。

信長が氏神として崇拝した剣神社は織田町の真ん中に鎮座していた。織田造りと呼ばれる秀麗な本殿が雪景色に映えていた。国宝の神鐘は奈良時代の作。まさに金属技術の物証である。

神社に近いところに北村西望作の信長像があった。雪雲が流れる空に豪快にそそり立つ。応永七（一四〇〇）年ごろ、越前守護斯波氏が尾張守護も兼ねることになり、重臣の織田氏が守護代として下津《おりづ》（愛知県稲沢市）に赴任した。尾張織田氏はここに始まる。

やがて応仁の乱で守護家の衰退は早まり、守護代家の勢力争いが全国各地で始まる。美濃の船田合戦より二十年早い文明七（一四七五）年、尾張織田家では敏広が西軍、敏定が東軍として争った。下津は戦火で焼け、四年後に、岩倉を居城とする敏広が上四郡を、清洲を居城とする敏定が下四郡を支配することで和平した。尾張の分割支配は信長が両守護代を攻め落とすまで続いた。

信長は清洲守護代の三奉行の一人、つまり家臣の子孫に過ぎなかった。家系がはっきりしているのは弾正忠を名乗った祖父信定からで、信定は勝幡に城を構え尾張随一の港町だった津島とかかわりを深めた。

津島神社（愛知県津島市）

信定の後を継いだ信秀は軍略にたけ、在地の土豪を次第に掌握し、駿河今川氏の前線基地だった那古野城を奪い、さらに古渡、末盛と居城を移して尾張南部に支配を広げた。

信秀は、京都から勝幡に公家山科言継らを招いて蹴鞠《けまり》指導を受けたり、連歌師宗長に津島や熱田で興行させ、京都御所修理の献金や伊勢神宮造営の奉納も行った。津島、熱田という二大港湾都市が生み出す経済基盤は、信長を天下布武の道へ雄飛させるに十分なエネルギーを蓄えていた。

しかし、信長が父から受け継いだ勢力範囲そのものは、尾張のほんの一部に過ぎなかった。

義龍の元に情報として入ってくる信長はまだこのころ、弟信行（信勝）が家臣団を巻き込んで起こした内乱に手を焼いている、ただの〝尾張のうつけ〟だったのだろう。

## 明智落城　歴史からも葬られた碑

「吉乃《きつの》の前夫、土田弥平治のものらしい墓が、可児市瀬田の明智城跡の近くで見つかりました」。同市平貝戸の所弓男からこんな知らせが届き、早速可児市を訪ねた。

確証は無いが、俗説では信長は可児と深い関係を持つ。母土田御前が土田城出身（異説がある）だし、祖父信定の側室もそう。さらに土田氏と縁深い生駒氏の娘吉乃は信長のいとこに当たる弥平治に嫁ぐが、明智城の戦で弥平治が死ぬと吉乃は信長の側室になる。

また、正室帰蝶（濃姫）の母（道三の正室）小見の方は明智氏出身で、その居城明智城から落ち延びた光秀はやがて信長を殺すのだから、実にすさまじい因縁が当地に渦まいている。

そんなことを考えながら名鉄御嵩明智駅前の菓子店に所を訪ねた。

この駅は昔、伏見口といったが、可児市制施行の際、光秀や明智城ゆかりの地にちなんで改称された。ただ、光秀の出身地は恵那郡明智町説や山県郡美山町説など諸説があり、決め手はどこも何も無い。

所は店を閉めて、現場に案内してくれた。

「私の祖先は明智の支流で、昭和初めまで二百七十年間、瀬田の光秀居館跡と伝わる所に住んでいた。大家敷とか西屋敷、東屋敷の地名が今もあります。光秀産湯の井戸伝承地や堀跡、土塁の遺構も残っていたが、土地改良や都市化で姿を消してしまった。弥平治の墓は、ほらすぐそこの」

見ると水田の中にひと塊の茂みが残され、風化した自然石が建っていた。石仏、五輪塔もわきにあり、相応の人を弔った塚らしい。

「『武功夜話』によると弥平治は土田城から兄の甚助（生駒親正）とともに明智城に救援に出て、田の浦で討ち取られた。明治初めの字絵図でここは浦田とあるが、これが田の浦のことだとすれば、この碑はその弥平治の墓ではないか」

所はこう言うのだ。

瀬田の南に、東西に長い長山が横たわる。山頂に本丸、両翼の尾根に出丸や砦があったという明智城跡に足を向けた。

明智城は土岐氏の支流土岐頼兼が康永元・興国三(一三四二)年に築城。弘治二(一五五六)年九月、斎藤義龍に攻略されるまで二百十年余、明智光秀までの居城だった。道三と義龍の争いに巻き込まれ、城主光安以下八百七十人が籠城《ろうじょう》したが、義龍方三千七百騎に攻められ一族は悲惨な死を遂げた。光秀は光安の遺言で西美濃に危うく落ち延びた。（『美濃国諸旧記』）

「本能寺の変で明智は逆臣とされ、居館などは徹底的に破壊されたが、土居など城の遺構や塚は山にそのまま残っている。『六親眷《けん》属幽魂塔』と刻んだ碑や人骨、よろいの残がいなどが搦《からめ》手砦跡で見つかっているし、明智城はここに間違いない」

所は語気を強めた。

雑木の枯れ葉を踏んでその搦手砦跡に登った。キジがバッと羽音を立てて飛んだ。何やら生き物の気配が充満した道だった。

六親巻属幽魂塔は、昭和四十八（一九七三）年、八百津地方史研究会の古田平一郎が発見した。

「搦手の山上から瀬田の写真を撮ろうとして何かにつまづいた。荒井金一さんと二人で掘ったら木曽川の河原石に刻んだ幽魂塔だった。無残な死を遂げ、歴史からも葬られた明智一族の鎮魂碑で、人目を避けるために土中に埋めたんでしょう。翌日早速、供養の法要をしてもらった」

古田はそう語った。

今、搦手の幽魂塔も堂宇に納まっている。

見張り台跡に立って瀬田の家並みの向こうに「弥平治の墓」を探した。もしあれが本物だとしたら、風雪でボロボロになりながらも耐えていたあの石碑は幽魂塔と同様、やはり何かを語りたがっていたのだろう。

だが、それは吉乃のことか、信長のことか、それとも光秀のことだろうか。

## 義龍の計略　失敗した信長包囲網

信長は叔父信光を暗殺した。腹違いの弟喜六郎は事故死だったようだが、実弟信行を自らの手で葬った。骨肉相食《あいは》む争いの中で信長は清洲城と尾張下四郡を抑えて家臣を統一し、残る尾張上四郡の守護代岩倉に狙いをつけていた。

この間、駿河の今川は東から尾張を威圧してくる。西の美濃との盟約は道三の死で霧散している。父道三を殺して美濃の主になった義龍は手ごわそうだが、それより尾張統一が急務だった。

斎藤義龍画像（常在寺蔵）

義龍にしてみれば信長は侮れぬ敵だが、しょせんは〝うつけ〟だ。むしろ西の浅井や北の朝倉が怖い存在。越後上杉の上洛を阻むために北信から飛騨に迫ろうとする、甲斐の武田の動きも気になった。

風雲急の戦国地図の中で義龍はまず、美濃一国の統制に全力を尽くさねばならなかった。

なにしろ父道三以来、土岐氏逆臣の弱

みがある。土岐領国の回復を名目に、隣国からいつ侵攻されるとも分からない。国内にも、これに呼応する勢力が根強く存在していた。強者《つわもの》ぞろいの美濃武士団をうまくまとめなければ、父が通った下克上の道を、自分が逆にたどる羽目にもなりかねない。

義龍は身長六尺四、五寸（一九二～五センチ）の大男。総身に知恵が回らぬ外れ者と見ていた道三も、死の間際にはその実力を認めた。

その通り、なかなかの人物だった。宿老制で支配のわきを固めた。井水《せいすい》争いを訴え出た真桑の農民に厳正な裁定を下したり、立政寺門前で鵜を飼い網を引くことを禁じたり。家臣の知行に戦国大名を特徴付ける貫高制を取り入れた。いずれも道三には見られぬ内政だった。

室町幕府との外交においてもやり手で、永禄元（一五五八）年に治部大輔、翌年には相伴衆となり、名実ともに戦国大名になった。

義龍は美濃を固めながら浅井氏との関係を深めた。一方で、六角氏とも縁戚《せき》関係を結ぼうとしたが、これは失敗した。（『春日文書』）

尾張の情勢も気掛かりでかく乱の糸を巧みに引いた。「敵の敵は味方」と、信長の敵にも近付いていった。信長の庶兄信広は妹が義龍の側室で、義龍と謀って清洲を攻めようとした。信行の謀反にも義龍の影が見える。信行に義龍があてた手紙がいかにも親しげに読めるからだ。岩倉の織田信賢も、義龍と結んでいた。

しかし、信長はどのたくらみも見破った。義龍が頼んだ尾張の敵は次々消えていく。義龍の尾張計略は、どれも失敗に終わった。

義龍もそこで引く男ではなかった。かくなる上は自らの手勢で信長暗殺をとその機をうかがっていた。絶好のチャンスは、すぐに訪れた。

永禄元年七月、義龍と結んだ岩倉勢を浮野で破った信長は、翌年二月初上洛し、将軍義輝に拝謁《はいえつ》した。義龍は「今ぞ」と思った。京の信長に刺客団を送り、暗殺命令を下した。

だが、刺客団と同じ舟に乗り合わせた信長の家来が急報し、企ては露見した。信長は美濃出身の家臣金森長近を刺客団の宿に送り、なんと、自分のところにあいさつに来るよう命じた。翌朝、偶然、市中で一行と出会った信長は「一丁、やるか」とすごんだ。刺客らは震え上がって逃散した。

信長は奈良と堺も見物して、一週間後、守山から永源寺、相谷を上り、鈴鹿越えの間道八風峠を越えて清洲に帰った。まもなく攻め残っていた岩倉城を落とし尾張統一を果たす。時に、信長二十六歳の春だった。

## 桶狭間の幻影　兵力十倍の今川軍撃破

尾張統一を果たした信長にとって、執ように身辺を揺さぶる美濃の斎藤義龍は脅威だったが、それどころではない巨大な敵が今にも襲いかかろうとしていた。

永禄三（一五六〇）年五月。今川義元が四万五千とも号される大軍を率いて居城駿府を出立、ゆっくりと西上し、ついに尾張領国内まで侵入してきたからだ。ここに世に名高い桶狭間《おけはざま》合戦の火ぶたが切って落とされた。

この合戦は日本人好みの痛快大逆転劇で、信長の数ある戦いの中でも最も有名なもの。代表的な奇襲戦法として旧日本軍に詳しく研究され、太平洋戦争ではハワイ真珠湾攻撃はじめ幾多の作戦で応用された。

なにしろ〝海道一の弓取り〟と言われた大物義元の首を無名の新人信長がばっさり切っ

て落としたのだ。

この戦で今川が滅んだわけではない。義元の嫡子氏真もその領国も健在のままだったが、信長は、戦国の表舞台に躍り出、天下布武への跳躍台とした。松平元康（後の徳川家康）も今川の人質の立場から脱し、やがて信長と盟約を結ぶ。このように歴史の重大な転換点でもあった。

ところで、旧陸軍参謀本部編の『日本戦史』によると、当時、義元の領国は駿河十七万石、遠江二十七万石、三河三十四万石、さらに尾張の一部（沓掛、大高、鳴海など）数十万石で合わせて百万石を超える。一万石で二百五十人が出兵できたとして、義元軍はまず実数二万五千人というところだろう。

対する信長の領国は、尾張四十三万石のうちおよそ五分の二で十六～十七万石。だが、突然の出陣で、実際に参加できたのはせいぜい二千余人と思われる。

つまり、信長軍は兵力十倍の大軍を奇襲で破ったのだから、ニュースは日本中を走り、義龍も武田信玄も上杉謙信も毛利元就もさぞびっくり仰天したことだろう。義龍にとっては、森可成ら美濃出身の武士らの活躍ぶりが悩みの種になっただろう。

また、大国ロシアに立ち向かおうとする明治の陸軍にとっても、三百年余の過去の話とはいえ、脳裏から消えない魅惑的な幻影として映ったに違いない。

しかし、最近の研究の成果を追うと、この合戦、もう一度根本的に見直してみた方がよさそうである。

例えば義元の人物像。公家風のお歯黒をしていたり輿《こし》を使っていたりで、いかにも暗愚な武将のようだが、実はなかなかの大物。天文五（一五三六）年、弱冠十七歳で家督を継ぎ、武田、上杉、北条と三国同盟を結んで西の三河にまで支配を広げた男だ。

父信秀は連戦連敗した。父の死後もジリッ、ジリッと領国を侵犯されている。義元こそ信長の最大の脅威であったに違いない。

義元上洛説も疑問だ。なぜこの時、何の準備もなしに上洛するのか。むしろ尾張の内乱に乗じ尾張南部、うまくいけば尾張一国制圧を目指して出陣したローカル戦だったのではないか、という見方が出てきた。

しかし、一番気になるのは、信長が山中を迂回《うかい》して太子ケ根に登り、そこから眼下の桶狭間の義元本陣を急襲したという迂回作戦が後世の造り話ではないかという論議である。

旧陸軍参謀本部は善照寺砦から約六キロの迂回路を詳細に図示した。単なる仮説が軍の権威をかさに既成事実としてできてしまったことは否めない。迂回作戦はマレーシアやガダルカナルなど太平洋戦争で何度も応用されたが、失敗も多かった。信長のせいではない。『信長公記』によるなら、信長は迂回などせず、正面撃破を試みて、まんまと成功させたのである。

するとと奇襲の質が違ってくる。もっと深慮遠謀《しんりょえんぼう》、理にかなった高度な戦略での奇襲ではなかったろうか。

# 第二章　尾張から美濃へ

## 中島砦のなぞ　豪雨をつき正面攻撃

永禄三（一五六〇）年五月十九日未明。

〽人間五十年、下天のうちをくらぶれば夢幻の……。

信長は「敦盛」を舞い、ほら貝を吹かせ、湯づけをかき込んで、小姓五騎を従え、清洲城を飛び出した。

熱田神宮で戦勝祈願の参拝をし、丸根、鷲津の両砦《とりで》が焼ける煙を見ながら二里（約八キロ）、鳴海城をやり過ごして善照寺砦に着くころには、兵は二千に増えていた。

さて、通説ではここから北東の山中を迂回して太子ケ根に登り、そこから桶狭間《おけはざま》を奇襲したことになっている。時間雨量一二〇ミリ以上の豪雨だと五十メートル先の人影は見えないというから、途中の鎌倉街道を横切る時、折からの豪雨で今川の見張りに見つからず通過できたかもしれない。

『信長公記』では、信長軍は善照寺砦から中島砦に下り、そこから東海道を東進して今川の前衛を破り本陣に突入した。迂回どころか正面撃破が真相らしい。

でも、どうしてそんなことができたのだろうか。

名古屋市緑区鳴海町。南北を低い丘に挟まれた幅二キロほどの谷あいで、北が鳴海城や善照寺砦、南は丸根、鷲津砦や大高城があった丘。桶狭間は東海道を東に二キロ行った辺りである。

鳴海城跡から十分ほど東へ歩いた丘の東端が善照寺砦跡で、今は砦公園となっていた。見晴らしは抜群で鳴海の町並みの南に大高緑地公園の展望台も見えた。東の桶狭間山辺りで町並みはのど元を締めたように狭まり、その北が太子ケ根。

この地形を見ると、桶狭間山の南麓に布陣した今川本陣は、北の太子ケ根からは見えない位置になる。

砦公園から駅方面に戻り扇川と手越川の合流点にあったという中島砦跡を訪ねた。鳴海城や大高城、丸根、鷲津砦のあった丘が目の上に取り巻いている。

信長軍は今川方から丸見えだっただろう。信長はなぜ、こんな危険極まりない所へ兵を集めたか。中島砦にはなぞがある。そう考えた時、鳴海城跡の説明板にあった古歌を思い出した。

鳴海浦を見やれば遠し火高地にこの夕潮に渡らへむかも
古代、日本武尊《やまとたけるのみこと》が東征の折、鳴海城のある丘の上に立った時、丘は浜辺で対岸に火高、つまり大高が見えた。潮が干くころに渡れようか、という歌である。

そう、鳴海は大昔は浜だった。そのころになっても鳴海―大高間は『信長公記』に言う深田で、その中にある中島砦は、潮の満ち干きや雨の降りようで浮き島となったのだろう。信長はこの砦特有の条件を作戦に利用したのではなかろうか。

信長には、土地勘があった。数え十四歳の吉良大浜の初陣、二十一歳の村木砦の戦では暴風雨の中、舟でこの付近を通ったはず。それに第一、この中島に砦を築いたのは信長自身だ。

信長は見つかるのを承知で中島砦に渡った。義元は桶狭間。至近距離にいる。攻め込まれさえしなければ絶好の位置に兵を集結できる。信長は空をも読んだのだろう。豪雨で深田はぬかるみ、鳴海、大高の今川勢は思うように動けない。

「突撃！」

雨がやんで、信長は戦闘を開始した。いくら義元が名将でも、組織されない大軍はやる気満々の信長軍の敵でなかった。あれよあれよという間に前衛は破られ、まさか、そんなとおたおたするうちに、義元も名だたる猛将も次々と落命した。

翻って考えれば、信長は清洲出陣の初めから義元の動静を逐一知り、その情報を基に素早く動いた。逆に義元は、信長の動きを最後まで把握できなかった。

合戦後、義元を討った毛利新介より、義元が桶狭間にいるという超一級の情報を寄せた梁田政綱が、多大な恩償に浴したのは当然だろう。

信長は桶狭間で天下に号した。戦雲はいよいよ、斎藤義龍の美濃に向かっていく。

## 別伝の乱　美濃の内乱、信長に天運

桶狭間で快勝した信長は、三河も駿河も振り向かずに北上し、美濃攻めに掛かる。

美濃に何があるのか。豊かな土と強い兵か、美しい風土か。幼少年時代は那古野城から、長じて清洲城から帰蝶（濃姫）とともに北を見てはあこがれてきた稲葉山城。あの難攻不落の天険の要害をわが物にしたいという思いか。それとも心にわき上がる天下布武のワンステップとしてか。

一方、悩みを深めたのは美濃の斎藤義龍である。なにしろ信長はずば抜けた実力の上に、道三の「国譲り状」や義父の敵討ちという大義名分を掲げている。その信長がいよいよ美濃にやってくる。

義龍は必死だった。幕府に取り入って大名となり、六角氏と政略結婚も謀る。だが、そんな努力も水泡に帰すとんでもない事件が持ち上がる。「別伝の乱」といわれる。火を付けたのは、義龍自身だった。

当時、妙心寺の禅僧であった別伝は義龍に取り入り、稲葉山城下に伝燈寺を建てた。義龍の権威に乗じて美濃の寺統権を得、自ら僧録司（僧の功績を本山に推挙して出世させる実権を持つ役僧）になろうとした。永禄三（一五六〇）年十二月、義龍は別伝の言う通り伝燈寺を通じて諸寺にその通達を出した。事件はこの時、火ぶたを切った。

美濃の禅寺は妙心寺派四派のうち三派あるが、別伝は別の一派だった。その新参者が義龍の紙切れ一枚で、それまで瑞龍寺（岐阜市）が持っていた寺統権を奪おうというのだから、当然のように猛反発が起こった。崇福寺の快川紹喜ら長老が国外の瑞泉寺（愛知県犬山市）に出奔し、本山の妙心寺に別伝の除籍を訴え、義龍の帰国要請にも耳を貸さず突っぱねた。

一方、別伝も快川らの除籍を働き掛け、義龍も別伝擁護の仲介を将軍義輝に頼む。妙心寺や全国の禅僧は快川一派に同情したが、この騒動の中で翌四年五月十一日、義龍が突然死ぬ。

伝燈寺跡（庚申堂）（岐阜市）

その二日後、信長は待っていたかのように西濃に侵略し、井ノ口（岐阜市）に迫る。この時、別伝は放火の悪党を寺中にかくまったことが露見し、同類とともに殺されたと見せて逃散。翌年三月、伝燈寺は焼失して別伝の乱は治まった。

…五燈その一つ輝く伝燈は崇福風に消え果てにけり

隣国も自国も敵と知らずして女狂いのみ時刻到来
大海を知らぬも道理義龍はただ井ノ口の蛙なりけり
破れぬる太鼓なるべし別伝はバチのあたりて胴の弱さよ
天下をも己がままと義龍が思いは人の笑い草かな…

事件の顛末《てんまつ》を伝える『永禄沙汰《ざた》』（関市・梅龍寺蔵）に、こんな落首がある。義龍も別伝も、快川派によってボロクソにこき下ろされている。快川が禅昌寺にあてた手紙に「義龍の死は法罰、天罰」と書いた。よほど怒り心頭に発していたことをうかがわせる。

義龍は大物だったが、最後に失敗した。逆にいえば義龍の権威をあざ笑うほどまでに、時の宗教権力はすさまじいものだった。

ザビエルは信長が十六歳の時に来日した。別伝の乱はその十一年後で、この年ヴィレラが幕府からキリスト教布教を許されている。宗教的に見ても日本に〝外圧〟が掛かりつつあった。

しかし、フロイスが信長と対面をするのはさらにその十年後。信長はこの〝外圧〟をうまく利用し、宗教政策を成功させていく。やはり義龍では力不足だ。スーパースター信長に義龍が道を譲ったのは、歴史の必然とでもいえようか。

それにしても信長はまた天運に恵まれた。

## 美濃攻め　義龍急死で好機到来　森部合戦

『総見記』によれば、信長は、永禄三（一五六〇）年六月三日、桶狭間の快勝の余勢をかって墨俣川（木曽・長良川）を渡り安八郡に侵入している。

多芸の丸毛氏、池田の市橋氏らが応戦し、大垣の長井衛安が千余騎を率いて駆け付けると、信長は柴田勝家をしんがりとして兵をさっと引いた。

さらに八月二十三日。再び安八、多芸に数百騎で出兵。村々に放火、刈り田などをして気勢を上げた。丸毛光兼、長井道利が千余騎を出すとまた、あっさり引き揚げた。

これらはまだ、斎藤義龍が健在のころであり、義龍はさすがによく美濃の武将を掌握していて、尾張の軍を軽くいなしたとみることもできる。

しかし、横山住雄岐阜県史料調査員は「良質の史料でいうなら、信長は義龍が死ぬまで美濃に手を出した足跡は無い。義龍が手ごわいせいもあっただろうし、桶狭間の余勢をかって美濃へ攻めるといった浮ついた男でもなかろう」と言う。

とかく戦国時代の史実で年代を特定するのは至難の技。次にみる永禄四年の森部合戦と後世になって混同されたのかもしれない。

信長はこの年春、桶狭間合戦によって今川の支配から解放された三河の松平元康（後の徳川家康）と和睦《わぼく》している。翌五年一月十五日には清洲城で元康と和平同盟を結ぶ。元康は信長の八つ年下。この同盟は信長が死ぬまで破られることなく続くことになる。

こうして東の憂いを取り払った信長の前で、法罰か、天命か、難敵義龍は三十三歳の若さで急死した。嫡男龍興はまだ十三歳そこそこの若年だ。好機到来。信長宿願の美濃攻めが、いよいよ本格的に始まった。

義龍が死んで二日後の永禄四年五月十三日。信長は木曽川を越え、かち村（海津市平田町勝賀）という所に陣取った。

翌日は雨だったが、井ノ口方は洲《す》の股《また》（大垣市墨俣町）から長井衛安、日比野清実が大将として森部口（安八郡安八町）へ出兵。信長はこの雨を「天の与うるところ」と言って、にれまた（同郡輪之内町楡俣）の川（大榑川か）を越えて攻撃を仕掛け、長井、日比野両将のほか百七十余人を討ち取り、井ノ口軍を総崩れにした。前田利家は信長の勘気を受けていたが、この時の戦功によって許された。（『信長公記』）

信長は総勢千五、六百騎を丸くまとめて小勢に見せた上、三つに分けた一隊を搦手《からめて》に回して伏せ、残る二隊を先鋒《せんぽう》と旗本に分けて備えた。敵は六千余騎、信長軍を小勢とみて、深田に足をとられながら踏み込んできた。そこへ信長軍の先鋒が撃って出、搦手からも挟撃して散々に井ノ口勢を討ち取った。（『総見記』）

この戦法が事実なら、信長は桶狭間合戦で雨を利し深田の中の中島砦《とりで》を最大限に活用して今川を破った兵法をここでも応用して、またも勝利したわけだ。

悪天を逆手に取るのはまさに信長のおはこ。村木砦攻めや桶狭間合戦、後の朝倉攻めなどでも見事に成功させている。

森部合戦で義龍政権を支えた六家老のうち二人の宿老が討ち取られた。ほかの者たちも浮足だった。

「現在立政寺に残されている同年五月十七日付の成吉尚光など三点の禁制は、侵略軍に対する斎藤氏側の防戦の際に出されたものであるが、この禁制の出され方は斎藤氏の軍兵が一元的に大将の下に統率されておらず、ばらばらの状態で防戦していることをうかがわせる」（『岐阜市史通史編　原始・古代・中世』）

少年龍興の前途は、実に暗たんたるものがあった。

信長は森部からさらに長良川右岸を北上し、墨俣砦に着陣した。目指すは稲葉山城である。

## 墨俣築城　秀吉出世の足掛かりに

「この地尾張川大きく流れ込み、数個の岡洲を作り大河数条競いて押し流れ、川幅広くにわたり陸地なるや川なるや定め難し……洲の俣辺り森部、軽身と田開け増る処《ところ》、河原また広く是に迫るは深田、此の辺り畔柳《くろやなぎ》丈を為して生い茂り久保身《くぼみ》水をためて深く有りければ、水鳥群れ遊び鴫《しぎ》鳴き渡る沢は水をためて萱《かや》草茫々たり」

これは『武功夜話』（千代女書留）のうち「洲の俣の事」のくだりである。

尾張川（木曽川）は天正十四（一五八六）年ころに流路を大きく変えて現在の木曽川になったが、それまでは今の境川を流れ尾張と美濃の国境をなし、墨俣で郡上川（長良川）と合流、墨俣川と呼ばれる大河となって高須輪中の中ほどを南流していた。

永禄四（一五六一）年五月、信長は墨俣川を越えて西美濃に侵攻。森部合戦に勝ち、このころ墨俣砦を奪って居留し、斎藤方と小競り合いを繰り返した。

木下藤吉郎（後の豊臣秀吉）の「一夜城」の逸話を生んだ信長の墨俣築城は、この時に端を発している。

「墨俣の一夜城跡は町のシンボル。昔は白砂青松の名勝で遠足によく来たもんです。河川改修で様相は随分変わりましたが、地名は城之越だし、江戸時代の古図にもすべて〝城あと〟とある。兜《かぶと》や刀、墓石もここから出土しています」

そう語るのは、安八郡墨俣町の元町長で、墨俣一夜城歴史資料館の平川仁市館長。

一夜城は元来、秀吉が天正十八（一五九〇）年の小田原征伐で造った石垣山城だったが、秀吉出世の城として後世は墨俣の方が有名になった。

平川館長は根っからの愛郷の士。機をみては見学者の案内を買って出、惜しみなく熱弁を振るう。

「墨俣築城のことは『太閤記』や断片的史料ではあまりよくつかめなかったんです。『信長公記』には何も書いてないし。それが昭和五十二（一九七七）年に愛知県江南市の旧家から出てきた前野文書の中の史料で、なぞに包まれていた築城の全容が明らかになったんです」

その史料に表れた墨俣築城のあらましはこうだ。

信長の武将佐々成政が最初にこの砦を築いた。藤吉郎は永禄九（一五六六）年、佐々の砦跡に再構築した。蜂須賀小六の力を借り、川並衆という土豪集団を鉄砲衆や大工集団、馬柵《うまさく》部隊や舟方衆など職能別に再編成して動員。七曽（加茂郡七宗町か）、八曽（愛知県犬山市）の山で木を調達し、木曽川の水運を利用して天王森（羽島市小熊町）に運んだ。途中、松倉（各務原市川島）で木取りし、組み立てるばかりにしておき、墨俣では馬柵で敵の妨害を防ぎながら一気に築城した。

資料館はこの前野文書を柱にして、墨俣築城の一部始終を展示解説している。

（注）前野文書の歴史的評価が定まったわけではない、同時代の資料をもとにして作られたものでは

なさそうである。

ただ、世間には藤吉郎の墨俣築城を永禄五年、あるいは六年とする書もある。最近は永禄九年で固まったようだが、一方で「そのころはもう信長は東美濃をほぼ制圧していて、墨俣の重要性はあまり無かった」との見方や、「墨俣築城そのものが幻だった」という説もある。

ただ、藤吉郎の墨俣築城が木曽川の水運によったという話は捨て難い。なぜなら、後に天下人となった秀吉はまず、木曽川の水利権を抑えた。川の水利権という発想はそもそもここに端を発するのだが、とかく人は開運のカギとなったものを終生大事にするものだ。あるいは出世物語の初めからその重要性に気付いていたともいえるだろう。

## 軽海合戦　西美濃へ進攻繰り返す

永禄四（一五六一）年五月十三日、森部合戦で斎藤龍興の軍勢を破り墨俣砦《とりで》を奪った信長は、この要害を固めて滞在した。

五月二十三日、井ノ口から総勢を繰り出し、十四条（瑞穂市）に布陣。直ちに信長は出撃したが、犬山城主織田信清の弟広良が討ち死にし、一旦《いったん》兵を引いた。敵はさらに十四条から北西一キロの軽海へ移り、西向きに陣取った。信長は墨俣から長駆西軽海に出て東向きに対陣、夜戦となったが、池田恒興、佐々成政らの活躍で敵を破り翌朝、墨俣から清洲に引き揚げた。

『信長公記』はこのように、十四条・軽海合戦を記している。ただ『美濃国諸旧記』では、信長は墨俣築城に続いて十九条にも築城し、信益（広良）を配置したとあり、手順が幾分か違うが大勢に影響はない。

清洲に引いた信長は六月中旬、再び西美濃に侵入した。

これには物証がある。安八郡神戸町、高橋宗太郎方所蔵の「禁制」の制札がそれ。永禄四年六月という日付と信長の花押があり、美濃における信長の文書の第一号とされる。禁制の内容は平野荘内の神戸市場に乱暴、ろうぜきや陣地取り、放火、竹木伐採を制したもの。従来からあったのだろう、そんな慣行に信長が改めて制札を掲げることで、新興勢力の威勢を誇示したに違いない。

今、墨俣から犀川沿いに軽海へと信長の進撃ルートをたどると、春には早苗田が陽光にきらめき雲を映す。この辺りは明治以来、全国的に有名なレンゲ（ゲンゲ）種の産地だけに、見事なレンゲ田も残る。レンゲは奈良時代、既に栽培記録がある日本最古の飼料作物だから、信長の時代にも野を彩っていたであろう。

「レンゲで火薬を製造する船木城の秘伝が、鉄砲伝来とともに脚光を浴びた」という話が、先祖伝来の口伝などを基に高橋正昭高校教諭がまとめた『船木城古事記』に載っている。信長時代の船木城主高橋高直の末裔《まつえい》を名乗る高橋は、「レンゲで塩硝を造るのは実験済みです」と言う。日本の火薬史や鉄砲史の文献にこの話は見当たらないのだが、本当なら鉄砲を重用した信長にとっても〝秘中の秘〟だったに違いない。

信長はこの六月、さらに稲葉山城下まで迫り、民家に放火した形跡がある。（『仁岫録』『永禄沙汰』）

「信長は二十一日付で揖斐谷の徳山次郎右衛門に、また、七月三日付で揖斐郡池田町の国枝古泰に親信長的行動を謝す文書を出しています。このように西濃は信長への帰順が相次ぎ、氏家直元の守る大垣城を除いて広く信長に蚕食される形になってしまった」と、横山住雄岐阜県史料調査員は言う。

こんな信長の攻勢に揺れる稲葉山城で、龍興はさらに別の深刻な問題を抱えていた。やがて筆頭家老として活躍する関城主長井道利の離反である。内憂外患とはまさにこのことだ。

だが、横山によると六月になってなんとか和議がなったらしい。同六日に瑞龍寺（岐阜市）から開善寺（長野県飯田市）に送った書状に「尾軍境を犯すといえどもさしたる行《てだて》に及ばず在陣せしめ特に長井隼人（道利）、此地（井ノ口）と和談、まずもって無事堅固なり」とあるからだ。（『永禄沙汰』）

龍興方に合流した長井道利は、早速甲斐の武田信玄に援軍を要請した。

「信玄は十六日付の返書で、信州勢を援軍に出してもよいし、十日で片付かないなら自分も出馬しようとまで言っている。こうした甲・濃連盟は永禄十年まで続くんです」と横山。

しかし、尾張にも由々しき内紛が起きていた。犬山城主織田信清が信長に反旗を翻したのである。一説に弟の戦死が引き金になったといわれる。信長の美濃攻めはここで、大きな作戦変更をみせていく。

## 乗っ取り　竹中半兵衛ら稲葉山城襲う

犬山城主織田信清は信長のいとこに当たり、姉が嫁いでいる。永禄元（一五五八）年、信長が岩倉織田氏を破った浮野合戦では信長に協力したが、その後は美濃と同盟。小口城（愛知県丹羽郡大口町）、黒田城（同県一宮市木曽川町）を支城とし、信長に反目していた。信長は小口城を攻めたが攻め切れなかった。『信長公記』には「六月下旬」とあるだけで何年なのかはっきりしない。ただ軽海合戦で弟を失った信清が、反信長の姿勢を一段と強くしたころではなかろうか、ということは推察できる。

三河の松平と同盟し、今川の勢力下にあった知多水軍も帰順した。南はいい。だが、北に火種が残った。

信長は永禄五年二月、美濃と一時講和した。

「崇福寺の快川紹喜が飛騨禅昌寺にあてた手紙に、この国（美濃）尾張と無事相調《ととの》い、墨俣・西方両城、二、三日以来人質を請取《こい》られ、相互返事の合図に太平歌を唱う―とあるから、まず間違いない」

横山住雄岐阜県史料調査員は、続けてこう言う。

「美濃攻めを一旦延ばし、その間に犬山を落とそうとした。犬山を素通りして美濃を攻めては、背後から突かれる恐れがあるからです。犬山城を永禄八年に落としてから再び本格的な美濃攻めにかかる。その間にもちょろちょろ美濃を攻めたという話は幻でしょうね。稲葉山に駆け上がれるわけでなし。それに斎藤龍興の書状（郡上市、宝林寺蔵）からみると、龍興側もこのころは支配体制がきちんと確立していた。龍興もまた、大きな戦略を展開しようとしていたのではないかな」

さて、美濃と講和した信長は犬山攻めのため、二宮山（愛知県犬山市）に城を移すことを家臣に諮《はか》った。だが清洲の町と比べると大変な山中で、皆が反対した。そこで小牧山移転を打ち出すと、すんなり決まった。

『信長公記』は「奇特なる御巧」と信長の知謀を褒めたが、土豪から離れ、専門職化していった家臣団の成長過程をここに見ることもできる。農繁期は戦ができないといった戦国武士の状況から一歩抜きん出た形で、それが信長軍団の強さの秘密でもあった。

「永禄六年二月、火車輪城鍬始」と愛知県瀬戸市の『定光寺年代記』にあるのは小牧山城のことだ、と横山は言う。名古屋市蓬左文庫に「小牧山城図」が残存するが、独立丘を取り巻く中腹の幾重もの曲輪や堀が、まさに火車輪城と呼ぶにふさわしいからである。

この城が完成すると、小口、黒田の両城主はもはやこれまでと開城し、犬山は裸城となってしまった。

一方、美濃では永禄七年二月六日、大事件が起きた。不破郡菩提山城主竹中半兵衛と、岳父の本巣郡北方城主安藤守就が稲葉山城を襲い、斎藤飛騨守ら六人を殺して城を乗っ取ったのだ。

龍興は日根野弘就、竹腰尚光や馬回り衆とともに城下に火を放って逃れ、鵜飼、祐向、揖斐の諸城で抗戦した。だが、半兵衛の禁制が七月二十九日、岐阜市西荘の宝林坊（敬念寺）に出されていることからみると、半兵衛軍の占拠は半年近くも続いたらしい。

「信長は犬山に迫るし、西美濃諸将は信長に切り崩されて動揺している。半兵衛はこんな情勢に居てもいられず、主君を実力でいさめようとしたのでしょう。信長は半兵衛に使者を送り美濃半国を与えるから引き渡せと言ったが、半兵衛は固辞して龍興に城を返し、浅井長政の食客となって美濃を去った。城の返却は永禄七年の八月から十月ごろでは……」

横山はこう言うのだが、奪っておいて返却するというのはどうも合点がいかない。『岐阜市史』は、半兵衛らが美濃の主になろうと起こしたクーデターで龍興は反乱軍を破って復帰したとしているが、いずれにしても確かな証拠はない。

はっきりしているのは、このころ龍興が義棟と改名したことだ。内乱で心機一転、などという単純なものではあるまい。信長の身辺も、やはりこのころから事情が変わっていく。いわば「天下」という大きな渦の中に、美濃も尾張も巻き込まれていくのである。

## 堂洞合戦　伊木山を拠点、中濃攻める

永禄七（一五六四）年九月、勅使立入宗継が尾張に来た。信長は御料所回復の命に気を良くした。

翌年五月十九日、将軍義輝は三好三人衆と松永久秀の手で暗殺された。奈良・興福寺

に松永の手で幽閉されていた義輝の弟一乗院覚慶（義秋、後に義昭）は「俺の出番だ」と一念発起し、七月、和田惟政の手引きで甲賀・和田館に脱出した。

信長は満三十一歳。この大事でいよいよ天下を意識し、僧沢彦《たくげん》の進言で麒麟《きりん》の花押《かおう》に替えた。中国の想像上の動物に和平一統の夢を託した信長の気概がうかがえる。

信長はまず、犬山城を落とした。折しも中濃・加治田城（加茂郡富加町）の佐藤忠能が信長に帰

麒麟の花押（円徳寺蔵）

順してきた。絶好のチャンスだ。

「龍興はそのころ一色義棟と改名した。父が祖父道三の斎藤姓を嫌って一色姓に変え、将軍義輝の一字をもらういわゆる偏諱《へんき》で義龍を名乗った。龍興の名は親交があった三好義興の偏諱にも思える。義棟と改名したのは、相伴衆だった父の地位を将軍家が龍興にも認

鵜沼城跡（岐阜県各務原市）

めたということだろう。幕府に恩を感じる義棟は、義秋を奉じる信長とどうしても対立することになる。それが永禄十年までの濃尾戦争ですよ」

岐阜県歴史資料館の伊藤克司はこう言う。

龍興こと義棟は、永禄九～十年ごろになるとさらに義糺《よしただ》と改名した。信長は親からもらった名を終生変えなかったが、龍興は何度も変えた。龍興の心の内外に大きな変化があったに違いない。それが一体何なのかは分からない。

史実から確かなことは、義輝を殺し、阿波にいた義輝のいとこ義栄を将軍にしようとした三好衆に龍興は近く、一方の信長はそれと対立する義秋の側に立っていたことである。

美濃でも、将たる者すべてが大きな選択を迫られていた。信長についた佐藤忠能の決断は結果的には正しかったといえる。まもなく中濃は信長に制圧されてしまったからである。

実際、天下を意識した信長の美濃攻めは速かった。木曽川を挟んで犬山城の対岸にある伊木山に砦を築き、ここを拠点に鵜沼を開城させた。間をおかず猿啄《さるばみ》城を落として勝山城とし、さらに堂洞、金山（兼山）、関の諸城も次々落とした。

信長直臣の弓の名手太田牛一は、二の丸入り口の家の屋根から本丸に多数の矢を命中させ、信長に何度も褒められた感激を『信長公記』に書き留めた。今、その現場は桧山と化し、昔をしのぶよすがは無い。『堂洞軍記』などを基にした『美濃加茂市史』によると、それは夏の終わりの風の強い日の午後だった。織田、佐藤連合軍の前にわが子討ち死にの報を受けた城主岸勘解由は落涙したが、気強の妻に励まされて気を取り直し懸命に防戦した。しかし、やがて矢尽き刀折れ、夫婦は差し違えて死ぬ前に辞世の歌を詠んだという。

先立つもしばし残るも同じ道思えば晴るる夕暮れの雲　　勘解由妻

待てしばしかたき浪風切り払いともに至らん極楽の岸　勘解由

堂洞落城で龍興はまた苦境に立たされた。義栄を担ぐ三好衆にしてみれば、義秋と組む信長の進撃をなんとしても食い止めたいのだが、最前線の美濃は風雲急だ。濃尾戦争はかくして大団円を迎える。

## 稲葉山落城　美濃三人衆の内応で一気に

「八月朔日、美濃三人衆稲葉伊予守（良通）、氏家卜全（直元）、安藤伊賀守（守就）が内応してきたのを機にあっという間に城を落とした。八月十五日、龍興は川内長島へ退散した」

『信長公記』にあるこの稲葉山落城の記述が年代を欠くために、「落城年代論争」が何十年も続いてきた。

『土岐斎藤軍記』や『美濃国諸旧記』などに見る通り江戸期から落城は永禄七（一五六四）年とされてきた。明治四十二（一九〇九）年、のち歴史学者となった東京帝大生土岐琴川が初めて十年説を発表。大正十二（一九二三）年、阿部栄之助の『濃飛両国通史』も十年説をとった。ここに論争が起こり、昭和四十四（一九六九）年に刊行された『岐阜県史』も十年説をとったため論争が再燃。郷浩岐阜城館長は「七年落城、十年入城説」を力説し郷土史家松田亮は「二度落城説」を世に問うた。

しかし、昭和五十五年刊の『岐阜市史』は永禄九年の濃尾合戦を示す「中島文書」や同十年九、十月に集中した信長の禁制、加茂郡八百津町大仙寺所蔵の「瑞龍寺紫衣輪番世代帳」に「永禄十年九月織田上総乱入」とあることなどから落城は永禄十年九月と結論づけた。

横山住雄岐阜県史料調査員は著『岐阜城』で、永禄十年五月十一日、龍興こと義糺が父義龍の七周忌法要を稲葉山城下の邸宅で盛大に行った史実を示した。

落城論争はさておき、『京都市歴史資料館紀要』の創刊号（昭和五十九年）に紹介された「和田惟政関係文書」には永禄八、九年ごろの覚慶（足利義昭）の動静がかなり具体的に示されている。ここに視座を置いて稲葉山落城史を追ってみよう。

永禄九年二月、覚慶は還俗《げんぞく》し義秋（後に義昭）と改名。後ろ盾と頼む上杉輝虎は関東をにらんで動けず結局、新進の信長に強く傾斜していった。

三月。義秋は細川藤孝と惟政に命じて信長と龍興を和睦《わぼく》させたうえ、信長に入洛軍出勢を約束させた。このころ尾張守に任官された信長は四月、宮廷に馬、太刀三千疋《びき》を献上し参洛の意志を天下に示した。

一方、義秋を入洛させまいとする三好は龍興に圧力を掛けたと推測される。

錦絵 太平記英勇傳 菜藤右兵衛大夫勝興
(岐阜市歴史博物館蔵)

美濃がまだ手中にない信長は上洛軍の出勢をためらった。義秋はさらに翻意を促し、信長は再度決意して八月二十二日出勢を予定した。奈良で信長が義秋を擁し尾張、美濃、三河、伊勢四国の兵を率いて上洛するという虚報が流れた。(『多聞院日記』)

だが、信長はなぜか二十二日には動かなかった。一週間後の二十九日、義秋は信長を待てず、近江矢島を逃れて若狭、さらに越前へと流浪していく。

同じ日、信長は龍興との濃尾休戦を一方的に破棄し美濃攻めを開始した。甲斐国・恵林寺の快川紹喜にあてたらしい日根野弘就ら斎藤家老臣の連署状（『中島文書』）によると信長は出水した木曽川を渡り河野島（各務原市）に進軍、河を背に龍興軍と対陣したが大洪水で兵を動かせず、閏《うるう》八月八日、数え切れないほどの水死者を出し、命からがら尾張に撤兵した。

龍興は信長の無残な敗退をあざ笑った。しかし、天運はそれまでだった。

信長は着実だった。既に西濃を侵食し南濃、中濃は制圧していた。永禄八年十一月、苗木城の養女を武田信玄の後継者勝頼に嫁がせ、上杉や浅井氏、徳川氏とも婚姻政策を進めていた。

美濃三人衆は情勢を読みついに龍興を見限って信長に内応した。信長は機を逃さず美濃を急襲。瑞龍寺山（上加納山）に駆け上がり町に火をかけ稲葉山城を四方から鹿垣で囲んでしまった。龍興は長井道利とともに城を脱出し、長良川から長島へ落ち延びていった。

義秋の入洛はかくして一度とん挫した。だが、信長にとってこれが天下布武の戦の願ってもない大義名分となっていく。その拠点としての美濃の沃野《よくや》が、今は信長の足下にまばゆいばかりに輝いて広がっていた。

# 第三章　信長と信長をめぐる女性たち

## 信長の人間像　常人の理解を超えた天才

那古野城下の万松寺で営まれた信秀の葬儀の時、遅れて現れた信長は、茶筅《ちゃせん》に巻き立てた髪で、袴も着けず大小の刀をしめ縄で巻いたまま。抹香をつかんで仏前へ投げつけ、そのまま帰った。（『信長公記』）

十九歳のころか、若き日の信長の姿である。そんな〝大うつけ〟に、道三は「美濃一国を譲る」と遺言して死んだ。道三に見込まれた信長とは、どういう若者だったのか。

「馬を朝夕稽古《けいこ》し、三月から九月までは川に入り泳ぎを鍛えた……往来で栗、柿、瓜までかぶり食い、町中で立ちながら餅をほうばり、人によりかかり、人の肩にぶらさがって歩いた」

『信長公記』によると、暇さえあれば心身を鍛えていたが、服装や振る舞いは常識外れで見苦しかったという。

岐阜市歴史博物館土山公仁学芸員は「信長が永禄二（一五五九）年に上洛した時、山科言継は『尾州より上総介上洛……五百ばかり……異形者多し』と日記に記した。信長の風体や振る舞いは終生、あまり変わらなかったのでは」と話す。

そういえば、宣教師フロイスが書いた『日本史』に永禄十二年、京都の足利義昭新邸工事現場で総指揮を執っていた信長に布教の許しを求めて初めて会見した時、「信長は虎の革を腰に巻き粗末な衣服を身に着けていた。中位の背丈で、きゃしゃな体であり、ひげは少なく、声ははなはだ快調」とある。

信長が好男子だったことは、現存するいくつかの信長画像や木像でうかがい知ることができる。神戸市立博物館にある信長像は謹厳で気品のある端正な顔立ちだ。

異母妹のお市やお犬は、飛び切りの美人。異母弟の秀孝も、「御膚《はだ》は白粉のごとく、丹赤の唇、柔和の姿、容顔美麗、人にすぐれていつくしきとももなかなか例えにも及び難き有り様」だった。（『信長公記』）

父信秀の木像（万松寺蔵）はぽっちゃり型で、いい男とはいえない。しかし、津島と熱田を抑え、守護代家をしのぐ実力を誇った男だけに、権勢に見合った美人を妻妾《しょう》にしたのだろうか。

戦国時代、とかく重視された政略結婚より、むしろ私欲に忠実という、これが祖父信定譲りの弾正忠家の家伝であれば、信長やお市が美形に生まれ、信長もまた美人を好み、二十余人もの子をもうけた由縁なのだろう。

ところで、尾張の僧天沢が甲斐を旅した折、武田信玄に「信長は日ごろ何をしている」と聞かれて「乗馬や鉄砲、弓、兵法のけいこに、鷹狩り。幸若舞を好み、『敦盛』の『人間五十年、下天のうちをくらぶれば夢幻のごとくなり』を謡って舞う。小唄も好きで『死のうは一定、しのび草には何をしよぞ。一定語りをこすよの』と口ずさむ」と答えた。信玄は「異なるものを好む」と首をひねった。（『信長公記』）

信長の個性の極め付けは『信長公記』で清洲時代に登場する女踊りである。

「天女にふんして清洲と津島で踊ったが、女踊りをする信長をただの〝うつけ〟とか、おどけ者とか見るのは誤りです。信長は守護代を攻め滅ぼして清洲に入ったが、当然、町には昔からさまざまな人が住んでいる。そこで祭りをするのは城下町経営の重要な役割で、その主役を自演してのけるところが信長なんです」と、土山学芸員は言う。

信長の〝うつけ〟ぶりは若気の至りであったり、そのふりをしていたわけではなさそうだ。つまり常人の理解を超えた天才的ヒーローの一つの姿であり、道三はそこを見抜いたのだ。

その点、弟信行は型通りのまじめ人間。駄目な兄に代わって織田家頭領になろうと謀反を起こしたが、しょせん信長の敵ではなかった。

## 宗教観「現世こそが真実」と確信

信長は迷信や卜占《ぼくせん》などは人心を惑わすものとして特に嫌った。大蛇がすむという池に自らもぐって探したり、「無辺」という修験者が奇特を見せると評判になると、ついには殺してしまった。(『信長公記』)

そんな信長にとって「南無阿弥陀仏」を唱え、喜んで命を投げうつ一向衆徒は我慢ならなかった。現世こそが人間の真実で、死ねば終わり、何も残らないと確信していた信長には、殺しても殺してもなお全国から押し寄せる一向衆徒は亡者の群れにも思えただろう。

信長は西国への拠点として石山(大坂)がどうしても欲しかった。だが、門徒には命を賭《と》して本山を守ることが極楽への道だった。

天正四（一五六七）年五月、信長に攻められ石山に籠城した顕如が全国に飛ばしたゲキの一文が奥飛騨・神岡の常蓮寺にある。

　娑婆《しゃば》は一旦《いったん》の苦しみ未来は永生の楽果なれば、いそぎ阿弥陀如来を深く頼み信心決得あって今度の報土往生報謝の素懐をとげ候身と相成り……

飛騨の門徒は挙げて石山合戦を支援したというが、信長の本拠美濃では、そう簡単ではなかった。法燈を守れと合戦に参じた者、信長軍団に駆り出された者、村人同士、親類縁者が敵味方に分かれて戦った。

その「記念物」が本巣郡本巣町文殊（本巣市）の善永寺にある。天正八年七月、顕如が勅命講和で石山を明け渡し紀州鷺ノ森に退く時、この寺の開基土岐蔵人が合戦の報償としてもらってきた本願寺の鐘だ。慶長十（一六〇五）年に梵鐘として再鋳され、拝領の経緯と麒麟鐘《きりんしょう》の三字、それに麒麟の文様が陽刻されている。この由緒のために太平洋戦争中も供出を免れたという逸品である。

土岐守景住職によると一門四十七人が石山合戦に参陣し、うち四人の戦死者を出した。

同町でも隣の山口、中島は信長方で戦う者が多かったという。

「この鐘をつけば、幕下《ばっか》にはせ集まりて戦うに礼を重くし仁を厚くし、敵人を損せずして味方に利を得たること麒麟の如し。よって麒麟鐘と銘する—と、顕如上人がほほ笑みながらこう言って蔵人たちに与えた。敵人を損せずしてですよ。信長も同じ麒麟の花押を使ったが、人殺しばかり考えていた。全然違うんです」と住職は力を込めた。

ところで信長は比叡山や本願寺などの宗教権力は弾圧したが、宗教や信仰そのものを否定してはいない。熱田社や津島社を崇敬し織田剣神社は氏神として崇拝した。平手政秀のために政秀寺を創建したり、都で石清水八幡宮や大山崎の離宮八幡宮も造営している。

美濃では、崇福寺や千手堂（善福寺）、美江寺、武芸川八幡など諸社寺に信長の安堵《あんど》状がある。元亀二（一五七一）年、朝倉討伐を期して白山中居神社（郡上市白鳥町石徹白）に寄進したと伝わる鰐口《わにぐち》があるし、阿名院（郡上市白鳥町）には「永禄十一（一五六八）年に信長に拝領した」という膳椀と軍配が残る。「伴天連らの教えと予の心は何ら異ならぬことを白山権現の名において汝に誓う」と言ってもいる。（フロイス『日本史』）

「岐阜城の山頂には伊奈波神社本宮の峰の権現が祀られていたし、信長居館の〝内庭〟

は宗教儀式や舞台風の建物を置く極めてシンボリックな広場として活用されていた。信長を無神論者のように断じてしまうのはナンセンス」と、岐阜市歴史博物館土山公仁学芸員は指摘する。

ただ、「信長は安土に建てた摠見寺で自分を神として祀りさい銭を集めた」というフロイスの報告は信じ難い。信長は人寄せに現世御利益を掲げて町の繁栄策としただけでないか。

岐阜でも楽市楽座を行う一方、小熊地蔵や西野不動を勧請し、美江寺観音を城下の鎮護に、善光寺を町の繁栄策に活用した。信忠も甲斐にあった善光寺如来を持ち帰り、伊奈波神社前の別の善光寺に安置した。宗教を否定せず、ただ政策の下に置いたわけである。

## 人間信長　きめ細かな優しさ持つ

京都・阿弥陀寺は住職の清玉上人が危急を知って本能寺に駆け付け、ひそかに信長の遺体を火葬していた家臣に頼んで、遺骨をもらい葬ったと伝わっている。

この寺には行方不明となったまま忘れられていた黒人の慰霊のため、位牌《いはい》が安置されている。この黒人は信長の死後、本能寺から信忠の下に走り奮戦したが、捕まった。光秀は「黒奴は動物。何も知らぬ」と放免した、とフロイスの手紙にある。

『信長公記』によると、天正九（一五八一）年二月、宣教師ヴァリニャーノが彼を信長に譲った。信長は黒い肌をごしごし洗わせ、初めて黒人の存在を知った。ヤスケと名付け、武田討伐軍にも加えた。歴史上、彼が岐阜に来た黒人第一号だろう。

アフリカの故郷からさらわれ、売られて日本にきたヤスケを、信長は動物と見ただろうか。地球儀でアフリカを見た信長は、そこに人が住むのも当然とし、そこから来たヤスケを人間扱いしたのではなかろうか。

思えば信長の人間性について、従来、鬼とか天魔とか、冷酷無比なイメージでしか語られてこなかったきらいがある。

まず、『信長公記』に山中の猿の話がある。近江・磨針峠の手前、関ケ原の西の山中という所に、いつも乞食がいるのを信長が見とがめた。男が猿と呼ばれ人間扱いされていないのを知り、ある時、木綿二十反を村人らに手渡して言った。

「十反は猿にやり、残り十反で小屋を建て、餓死しないようみてやってくれ。麦がとれたら麦を、米がとれたら米を、年に二度、少しずつ分けてやってくれたら私はうれしい」と。

また、信長が秀吉の室おね（ねね）にあてた手紙が残る。

そなたは十が二十になるほどきれいになられた。（秀吉が）不服を言うとはけしからん。あのハゲネズミが、どこでそなたほどの女性を求めることができよう。だから今後は気持ちを明るく持ち、奥様らしく堂々と振る舞い、やきもちなどやかぬよう。ただし、女の役目は果たしなさい。

およそこんな文面だが、天下布武の印が押してあるこの信長の手紙には、夫の浮気に悩む女性の傷心をいたわろうとする、きめ細かな優しさがあふれている。

もう一人、子連れで側室となった鍋の境涯を思い浮かべても、やはり信長の意外な優しさがうかがえる。

鍋にゆかりの深い滋賀・永源寺町（東近江市）は、信長が免状を与えた木地師の故郷、総支配所として知られる。信長が上洛の折、行き来した鈴鹿越えの八風街道、千種街道沿いで、信長が安土に居を移す時、いざという時の生命線としてこの間道が頭に描かれたと思われる。鍋の存在も、そんな思いと重なってあったのだろう。

町の郷土史家深谷弘典によると、鍋は野洲郡小田村の土豪高畠源兵衛尉の娘。高野城主小倉実房に嫁ぎ二子をもうけた。しかし、六角氏の勢力下、実房は信長に通じたことが遠因となって自害し、鍋は岐阜入城を果たした信長を頼って岐阜に移った。信長との間に信高、信吉、お振の三子がある。

歴史研究家岡田正人によると、鍋は山科言経に『平家物語』の書写を依頼しており、文芸にも造けいが深かった。大徳寺総見院で岡田氏が見つけた帰蝶の墓の隣に、自然石を刻んだ鍋の墓がある。

岐阜・崇福寺は鍋の寺ともいわれる。本能寺の変のわずか四日後、この信長ゆかりの寺を信長・信忠の位牌所とする書状を書いた。

わざと折り紙で申します。崇福寺はお上の位牌所ですから、誰が乱入しようともお断り下さい

手慣れた筆致、き然とした文面。鍋の高い教養、見識とともに、信長との心の絆の深さをうかがわせる。

そして、おねへの手紙同様、鍋の手紙を通して、女性を一人の人格として対した、信長の人間性を推し量ることができるのである。

## 美濃の母　可児・土田氏の血、脈々と

信長の母土田御前は美濃人である。父信秀の父、つまり信長の祖父信定の側室もまた、この土田氏の女。父子二代、二重血縁の結束が、信長をして時代の英雄に押し上げる活力源になった。

土田氏を清洲町（清須市）土田《つちだ》の土豪とする説があるが、瀧喜義江南市文化財保護委員は「可児市土田《どた》が土田家の本拠」と断定する。瀧は『武功夜話』研究で知られるが、近年、愛知県丹羽郡大口町の旧家土田茂雄氏方の家系図を調べて分かったという。

つまり、土田氏は宇多源氏の流れを引く佐々木六角時信の四男で、山内を名乗った信詮が始祖。四代秀定の時に近江から可児の土田へ移住し、その子秀久が土田姓を名乗り土田城を築いた。秀久の妹は信長の祖父で弾定忠を名乗った信定の側室に入っている。

秀久は尾張国小折（江南市）に移住した生駒氏初代家広の娘を妻に迎える。しかし、どういうわけか妻は実家に帰ってまもなく政久を産む。生駒家二代豊政に子供がなかったために政久は養子として生駒家に入る。しかし、やがて豊政に二子が生まれる。その長男の娘が信長の側室吉乃《きつの》なのだが、それはさておき政久は生駒姓のまま土田に戻る。この政久の嫡子が親重であり、その妹こそ信長の母土田御前だという。

親重の子親正は信長に仕え、天正二（一五七四）年まで土田に在城し、その後、秀吉に属して讃岐丸亀城主となる。親正の弟弥平治の妻が即ち吉乃で、いかにも信長と土田、生駒氏とのかかわりは深い。

土田城跡は可児市土田大脇の可児川左岸、標高一八一メートルの山上にある。初夏に蛍が飛び交う可児川下流は、名古屋のベッドタウン化が進む同市の中でも辛うじて自然環境が残る地。信長の母の原風景を探るのも悪くない。

御嶽山、恵那山、伊吹山の白峰は望め、東山道や尾張街道、承久の乱（一二二一年）で名高い木曽川の大井戸渡しなどが眼下にある。久々利の久々利氏、長山の明智氏、塩河の可児氏、今の小池氏、大森の奥村氏……。十余の古城がひしめく可児盆地が箱庭のように見える。

土田御前がいつこの地で生まれ、いつ嫁いだのか定かでない。「文禄三（一五九四）年一月七日、伊勢国安濃津城で没」ということだけが分かっている。八十余歳だったという。安濃津は今の津で、当時の津城主は織田信包。信長の九歳年下の弟で、『津市史』では土田御前の実子としている。

菩提《ぼだい》寺の四天王寺は聖徳太子ゆかりの寺。三重県津市栄町の伊勢街道沿いにある。裏山の一角にある五輪塔のうち、ひと際大きく「花屋寿栄禅尼」とあるのが土田御前の墓。寺伝では「信長が本能寺に倒れた時は安土城にいたが、一旦、日野城に逃れた後、安濃津城に入った」という。

母は初めは弟信行に付き、信行失脚後は兄信長とともに小牧、岐阜、安土城と戦国の世を歩んだ。あわや信長に人質に出される場面もあったが、免れた。

## 帰蝶生存説　天下の行方見届けたのか

「信長の正室は本能寺の変後も慶長十七（一六一二）年七月九日まで生き、墓は京都の大徳寺総見院の織田家墓所に信長らとともにある」という、歴史研究家岡田正人が発表した説がある。

岡田が推定の根拠とする史料は、織田家の過去帳『泰巖相公縁会名簿』（滋賀県・安土町、摠見寺蔵）。ここに「養華院殿要津妙玄大姉　慶長十七年壬子七月九日　信長公御台」と記され、御台《みだい》（正室）の法名や没年が明記されている。

この「養華」の法名を持つ墓が、大徳寺総見院の織田家墓所に実在するというのが岡田説の核心だ。墓石は風化し刻字が読み取れずこれまでだれの墓か分からなかったが、同院に所蔵される「総見院之見取図」を見ると「養華」の墓に符合する。これこそ信長正室の墓だ、というのだ。

となると、彼女は清洲から岐阜、安土と、信長とともに波乱万丈の人生を歩み、信長も彼女を死ぬまで離さなかった。彼女はその後三十年生き、秀吉、家康の天下を見届けたことになる。

「濃姫」の名でよく知られたこの女性について、確かな消息はない。「濃姫」という名も後世の創作らしい。唯一、『美濃国諸旧記』に「帰蝶の方という。また鷺山殿ともいう」とあるから、ひとまず「帰蝶」で統一しておこう。

帰蝶が少なくとも永禄十二（一五六九）年まで健在だったことは近年分かった。当時の公家山科言継の日記に「信長本妻」として次のような話で登場する。

信長が斎藤義龍の後家に所持品の壺をくれと強要した。ところが彼女は「戦乱で無くした。無理を言われては自害するしかない」と申し立てた。義龍といえば帰蝶にとって義兄か実兄か、とにかく兄。その妻が自害するようなことになるなら、自分はもちろん斎藤一族も旧家臣らも腹を切ると言って、信長にこの壺を諦《あきら》めさせたようだ。

（『岐阜市史通史編』）

また、信長の死後三年の天正十三（一五八五）年に、信長の二男信雄の一族や家臣の知行を記した「織田信雄分限帳」に「安土殿」と出てくる人物も、やはり帰蝶だと岡田はみる。

伝・お濃の方の墓（岐阜市）

岡田は信頼できる史料を綿密に検証し、帰蝶の墓に行き着いた。それは意外にも織田家の菩提寺である総見院の、それも織田家の墓所という、もっともふさわしい場所にあった。

ただ、決定的史料が見つかったわけではない。疑問も残る。『泰巖相公縁会名簿』で、九日が命日の「養華」が、冒頭ならともかく一番最後に記されていること、あるいは総見院にその位牌《いはい》が見当たらないこと—など。岡田は「埋もれた史料はまだきっとある」と、さらなる裏付けの研究調査に意欲を燃やしている。

「濃姫の墓」と伝わる墓所はこれまで、岐阜市不動町、西野不動前の「お濃の方の墓」と、富山県高岡市にある前田家ゆかりの瑞龍寺の二カ所が知られていた。このうち西野不動の墓碑は「寛文五年　法性院妙法霜尼」とあって、これだと帰蝶は百数十歳まで生きたことになるし、瑞龍寺のも別人説があって、歴史家はまず取り上げない。岐阜市教育委員会の史跡案内にもない。

しかし、西野不動の墓は地元の人たちが毎日、花を手向けている。西野不動は信長と深いかかわりがある。岐阜の住民の心に「濃姫」が今も生きていることは事実だ。

## 吉乃のこと　信長に見初められ三子

吉乃は生駒家宗の息女という。生年不詳。永禄九（一五六六）年五月十三日没。享年三十九歳。

初め何某弥平治に嫁したが、夫が戦死したため実家に帰り（「生駒家譜」による）、後に信長の寵愛《ちょうあい》を受け、弘治三（一五五七）年に信忠、永禄元年に信雄、同二年に五徳（松平信康室）を出産。小牧城で病死し生駒家の菩提寺小折村の龍徳寺に葬られ、「久庵桂昌」

とおくり名された。生駒家ではその法名にちなんで、久昌寺と改称したとある。

信長の正室帰蝶（濃姫）には子が無かった。それで吉乃との間に生まれた信忠が嫡男となり、三人の子はいずれもその後の歴史の中で重大な役割を果たしていく。その生母として吉乃の存在は大きかったが、生涯はなぞのままだった。

だが、伊勢湾台風で愛知県江南市前野の旧家の土蔵が壊れて発見された前野文書、いわゆる『武功夜話』で吉乃の姿が浮き彫りになった。広大な生駒屋敷を舞台に、信長や木下藤吉郎、蜂須賀小六らが生き生きと躍動する戦国ドキュメントで、学会筋は冷ややかながら津本陽や遠藤周作はじめ作家連には大モテであった。

例えば、喪服姿の美しい未亡人吉乃に若き日の信長がクラクラッとした、病死してしまった吉乃を哀惜して信長が涙を流したという。

『武功夜話』に詳しい瀧喜義に吉乃のことを聞いた。

「幼名お類。信長の幼名吉法師の女だから、きつのと呼ぶ。後に信長の家来になる生駒親正の弟の土田弥平治に嫁いだが、夫は弘治二年九月、明智一族の長山城が斎藤義龍に落とされた戦に巻き込まれ戦死した。未亡人となり実家の生駒屋敷に戻っていたところを、鷹狩りの帰りに寄った信長に見初められた」

何か物証はないものかと思い、吉乃の故郷・江南市小折を訪ねた。生駒氏は灰や油を扱う土豪で屋敷跡は今、布袋東保育園。庭の隅に「生駒氏の邸祉」の碑があった。

吉乃の墓のある生駒氏の菩提寺久昌寺はすぐ近く。「織田信長公室……」と刻まれた墓石に、近所の少女らが手を合わせていた。ここは参り墓で、本当の埋め墓は、久昌寺から名鉄犬山線を西に越えて十分ほど歩いた、一宮市境の田代墓地にあった。大きな桜の木のわきにひっそりと立つ、石の供養碑がそれである。

「この観音様は、たたけば〝チーン〟といういい音がする。子供のころはもっといい音に聞こえた」と近所の人が話してくれた。

石仏に吉乃の面影をしのびながら、その視線を東にたどると、久昌寺の森や家並みの向こうに小牧山が霞んで見えた。信長は永禄六年、小牧山城を築き居城とした。四年後には岐阜に移って、この城は壊してしまったが、石になった吉乃は小牧山をいつまでも見続けてそこに立っていた。「久昌寺縁起」にあるように、信長は本当に小牧の城で西を見ては吉乃をしのんで泣いたのだろうか。

# 第四章　岐阜城下、そして安土へ

## 岐阜のルーツ〝信長命名説〟に一石

永禄十（一五六七）年九月、稲葉山城を落として入城した信長の気分を追って、金華山の馬の背登山道の急坂をたどる時、頭に浮かんだのはあの有名な信長の「岐阜命名説」だ。歴史家の間では、信長より百年も前から禅僧の間に岐阜の名はあったとか、信長入城より少し前には一般の間でも使われていて、信長はその古名を広めたか、あるいは公称しただけではという議論がある。

そんな中、刀剣研究家篠田幸次が「大永元（一五二一）年八月日濃州岐阜住具衡」の銘がある刀の存在を発表。信長以前の岐阜を物語る初の物証の登場によって一層、波風が高まった。

「信長が岐阜の名付け親なのか、そうでないのか、一体どっちなんだ」

そもそも信長命名説は、政秀寺の沢彦《たくげん》宗恩が「周の文王岐山より起こり天下を定む」という中国故事にちなんで進言したと『安土創業録』（一六七九年）にあるのが論拠。

加えて「井口改め岐阜となす、またよろしからずや」と乙津寺の蘭叔玄秀が書いた手紙（一五七五年、『蘭叔録』）が傍証としてよく引用されてきた。

『政秀寺古記』（一六九九年）は信長の守り役だった平手政秀が生前、信長に井ノ口という城の名はよくないといっていたため、信長が改称しようと沢彦を呼び、天下取りの拠点にふさわしい呼び名として岐阜を選んだ、としている。

かといって「岐阜」の名が十六世紀以前から既に禅林の間で雅称されていたこともこの「古記」の筆者は知っていたようなのだ。

『地名岐阜の由来―信長命名説を斬る―』で、元美術教師神田美一が鋭くそこを突いている。

「『安土創業録』を素直に読むなら信長は城の名を岐阜としただけだ。それは本当かもしれないが、裏付けは無い。町を岐阜と命名したなどとは書いてないんです。一方で『土岐累代記』（一六一五年）や『土岐斎藤軍記』（一六一七年）は『山を岐山と言い里を岐阜と申すこと昔よりの儀也。明応、永正の旧記に多く岐阜と見えたり』とはっきり書いている」

神田によれば古文献での初見は永和三（一三七七）年の『歴世恩高録』（揖斐郡揖斐川町、

横蔵寺蔵）で「岐府（原字通り）蜂須賀新治郎」とある。次いで明応四（一四九五）年の詩文集『梅花無盡《じん》蔵』や同八年の瑞龍寺の土岐成頼画賛にズバリ「岐阜」が現れる。

また、天文四（一五三五）年の土岐政房十七回忌で「層々たる岐阜、文王を慕いて沙門を敬い、刹々たる霊山、周公に逢いて佛門を説く」と南泉寺の仁岫宗寿は語った。（『仁岫録』）永禄四（一五六一）年の斎藤義龍葬儀では崇福寺の快川紹喜が「岐阜稲葉城主左京兆玄龍大居士」とした。（『快川希庵等語録』）

このように「岐阜」が信長以前からあったことは明らかで、徳富蘇峰の『近世日本国民史』（大正七年）をはじめ阿部栄之助の『濃飛両国通史』（大正十二年）、『愛知県史』（昭和十年）、『岐阜県史』（同四十三年）、『岐阜市史』（同五十五年）なども一応は両論を併記している。

「それがどういうわけか地元の観光宣伝や歴史読み物ばかりか小学校の副読本まで信長命名説一点張り。岐の旧字は枝の下に山。つまり緑生い茂る山の意でまさに金華山の情景にふさわしい。岐は岐山、阜は孔子を生んだ曲阜にとるという大らかな王道思想の下に生まれた岐阜の名を、後世の血塗られた武力の覇者信長が名付けたなどというのは残念でならんのです」と神田は言う。

## 岐阜城下町　活気あふれる自由都市

ポルトガル人宣教師フロイスは永禄十二（一五六九）年五月、信長にキリスト教布教の許しを請うため岐阜城下町を訪ねた。信長が岐阜入りしてわずか二年後だが、フロイスの書簡に見る岐阜は既に世界都市だった。

昭和三（一九二八）年刊の『岐阜市史』によると「我等は岐阜の町に着きたり。人口約一万なるべし、和田殿（惟政）の指定したる宿に着きしが、その出入りの激しきことバビロンの混雑に等しく、各国の商人、塩、布、その他の商品を馬につけ来集し、家は雑踏して何も聞こえず、賭博し、食し、売買し、荷造りし荷を解く者、昼夜絶ゆることなかりき。我等は他に静かなる室なきをもって二階にいたり……」とあり、また、同年七～八月と十一月、やはり岐阜を訪れた公家山科言継の日記には「宿は岐阜の麓の里で塩屋を営む大脇伝内の家。伝内は信長の馬廻り。宿の向こう側には小者頭の徳若の家があった。伝内の家は信長の館より二十町もあって不便で、館から二、三町の風呂屋与五郎の宿に宿替えをした……」とある。

商家や武家が混在し、二階建ての町家が並ぶ岐阜の雑踏。その喧騒ぶりが聞こえてくるようだ。過渡期の時代の、むんむんとしたエネルギーが感じられる。

当時の岐阜城下町の面影は、「濃州厚見郡岐阜図」（一六五四年、名古屋市蓬左文庫蔵）にうかがえる。稲荷山から北に伸びる黒線で描かれた梶川堀の東は古屋敷とあり、重臣や側近の屋敷があったのだろう。

町は土居と濠で囲まれた総構えで、丸山から西は四ツ屋町、ここから南の堀江町を巻くようにして、東は白木町山際まで。延長約一・六キロ。本町筋につながる西の入り口（岩倉口）は虎口という折れ曲がり通路となっており、北の中川原と、南の御薗《みその》への出入り口と同様、それぞれに門があったようだ。ここに城塞都市の本性が見られる。

江戸初期の長良の豪商中島両以の『中島両以記文』（一六七五年）によると、総構えは既に道三時代に築かれたらしい。道三は七曲道に続く梶川・本町通りに既存住民を、百曲に続く益屋・大久和町通りには大桑（山県市高富町）の町人を引っ越させた。信長が尾張から連れてきた町人は空穂《うつぼ》屋町（元靱屋町）や新町に住んだ。秀信の時代に忠節・今泉・

上加納・長良にまで侍屋敷が広がったと両以は記す。今ある材木町、魚屋町、茶屋町、益屋町などの地名は、恐らく信長が城下町を整備した時の名残だろう。

「フロイスや言継が最初に泊まった宿は、その記述から総構えの外の市場にあった可能性があります。信長時代、既に総構えの外、例えば街道沿いなどの要所に侍屋敷などの集住地帯が散在していただろう、という見方が最近の定説」と、岐阜市歴史博物館土山公仁学芸員は言う。

「殿町という地名は興味深いし、信長の祐筆武井夕庵が金華山の大堀切を越えた岩戸の住人という『美濃国諸旧記』の記述もある。岩戸の物部神社は、伊奈波神社が丸山から現在地に移った時に合祀《ごうし》され、今も岐阜町と岩戸住民で祭礼を行っている。岩戸をどう見るかが岐阜城下町を考える一つのカギですね」とも。

土山学芸員によると、清洲の発掘調査では総構えの外にも古い町並みが出た。岐阜では物理的にそんな調査は期待薄だから、足で調べるしかあるまい。

梶川町の妙照寺は竹中半兵衛屋敷跡という。(『妙照寺文書』)この古い土塀の西に、辛うじて梶川堀の名残を見た。ほとんど家並みの下だが、今も流れている。信長もフロイスも見た水路だと思うと、ふつふつと情がわく。

信長がその水面に描いた岐阜の都市構想はもはや道三の比ではない。バビロンより栄え、活気あふれる自由都市。金華山と長良川に守られた山紫水明の都・岐阜は、信長のイメージの中で海を越え、はるかなる世界の中で光り輝いていただろう。

## フロイス登城　緑の山頂から濃尾望む

山は高く急峻《きゅうしゅん》で、城の入り口の砦に十五～二十人の青年武士が昼夜交代で守っていた。城に登ると三つ大広間があり、領主の子ら約百人がいた。そこから奥へはだれも入れず、侍女と信長の子二人（信忠、信雄）が仕えていた。

告別の贈り物に下着一枚とセイロンのシロウラそれに紅色のスリッパを持参したが、信長は「夏にはもってこいのモノだ」と言った。

信長が二男に茶を出させまず私に茶碗をとらせ、次に自分でとった。そこから美濃と尾張の大部分が見えると観《み》せてくれたが一面が平野で、よく展望できた。

そこの内側にとても美しい座敷があった。屏風はすべて金が塗られ、周囲に約二千の矢が置かれていた。

信長は「インドにこれに似た城がある山はあるか」と尋ね、それから二時間半か三時間、談笑した。四大（地水火風の四元素）のこと、日月星辰のこと、寒地と暖地の性質、国の風俗などについて。信長はあれこれ質問し、大いにこの異国人との会話を喜んだ。

途中で夕食をもてなし、信長自ら私に膳を運んだ。私が礼をしようと膳を頭上に押し戴《いただ》くと、信長は、汁がこぼれないよう椀を真っすぐに持つように言った。こんな父を見るのは初めての子供たちはじっと眺めていた。

食事が済むと子が袷《あわせ》と称する絹衣と、とても美しい白かたびらをもって来た。言う通りに着ると、信長は「なかなかよく似合う。また、たびたび美濃に来なさい。特に夏が過ぎてからがいい」と、愛情に満ちた言葉で言った。そして柴田勝家を呼んで、城を案内するよう言った……。

このフロイスの記述を見ると信長は麓の居館と山上の城を頻繁に往復していたようだ。

居館から城へ真っすぐ登る馬の背道や百曲がり道はかなり険しい。そこをまるで庭の散歩道のようにヒョイヒョイ登り下りしていた信長はこの時満三十五歳。安土に移る四十二歳まで、この道で日夜、足腰を鍛え、知恵を磨いたのだろう。

公家と山科言継もフロイスと同じ七曲がり道から登城した。言継は六十七歳の高齢。武井夕庵の案内で堺の商人とともに山上の城を訪れ、音曲や囃《はやし》の後、信長のもてなしでご馳走になり、さらに「上之権現」など城内各所を見学した。道が険しく、景色を楽しむどころではなかったらしい。

「山たかみなおきく（岐阜）深くよそにまた似たる方なきこの殿つくり」は、言継が夕庵への礼状に書きしたためた歌だという。（『岐阜市史通史編　原始・古代・中世』）

岐阜市歴史博物館土山公仁学芸員によると、平時は麓の居館に住み、戦時になると山頂の城にこもるというのが中世の山城のパターン。岐阜城も同じ形態だが、山上の居住施設はかなり充実し、豪華だった。山上の城と居館が統一された形の安土城がここに予見できるともいえよう。

「言継が山上で見た上之権現は伊奈波神社の本宮では」と土山学芸員はみる。ただ戦闘のための砦としての城でなく、宗教的意味を帯びている。これは例えば安土城と城下の摠見寺の関係を連想させるものだ。

## 信長居館　美麗極めた「地上の天国」

金華山麓に新築された岐阜城の信長居館について、フロイスはおよそ次のように詳細な記述をしている。

ポルトガルやインドから日本に至るまでこれほどに精巧美麗、清浄な宮殿は見たことがない。信長は禅宗の教える通り来世を信じず、見えるもののほかには何も存在しないという考えで、美濃の人の言うところの「地上の天国」を造るために巨費を投じた。巨石を積んだ長い石塀を通って内に入ると、ゴアのサバヨ（君主の宮殿）より一倍半大きな所で、宗教儀式や公の祝祭に使う劇場風の大きな建物があり、両側に二本の大きな果樹があった。

長い石段を上ると大広間があり、この山の木で造った長大な梁《はり》があった。ここが一階で望台と縁から町の一部が見えた。

信長は「内を見せたいが欧州やインドで見るものより見劣りしないか心配だ。でも、遠来の客だから私が案内しよう」と言ってほとんどだれも立ち入ったことのない内部に入った。そこはクレタの迷宮のように巧妙な工夫が凝らされ、思わぬ所に美麗を極めた座敷があった。部屋は十五か二十はあり屏風の飾りや釘は純金だった。

縁側は厚板が鏡のように輝き、羽目板には日本や支那の歴史が描かれていた。小石と白砂が敷かれたいくつかの庭園の池に多くの魚が遊び、岩にはさまざまな花や香気高い草が生えていた。山の清水を手水に引き、あるいは飲料や宮殿の各室の諸用にあてていた。

二階は王妃と侍女の部屋で一段と美麗だった。座敷に金襴《きんらん》の幕が掛けられ、町の一部と山が見えた。山側ではさまざまな鳥が美しい声を聞かせ、池にその美しい姿が見られた。

三階はとても閑静で、見事に造られた茶の座敷があった。三、四階の望台と縁からは町が一望できた。茶の座敷には驚くべき庭が備わっていた……。

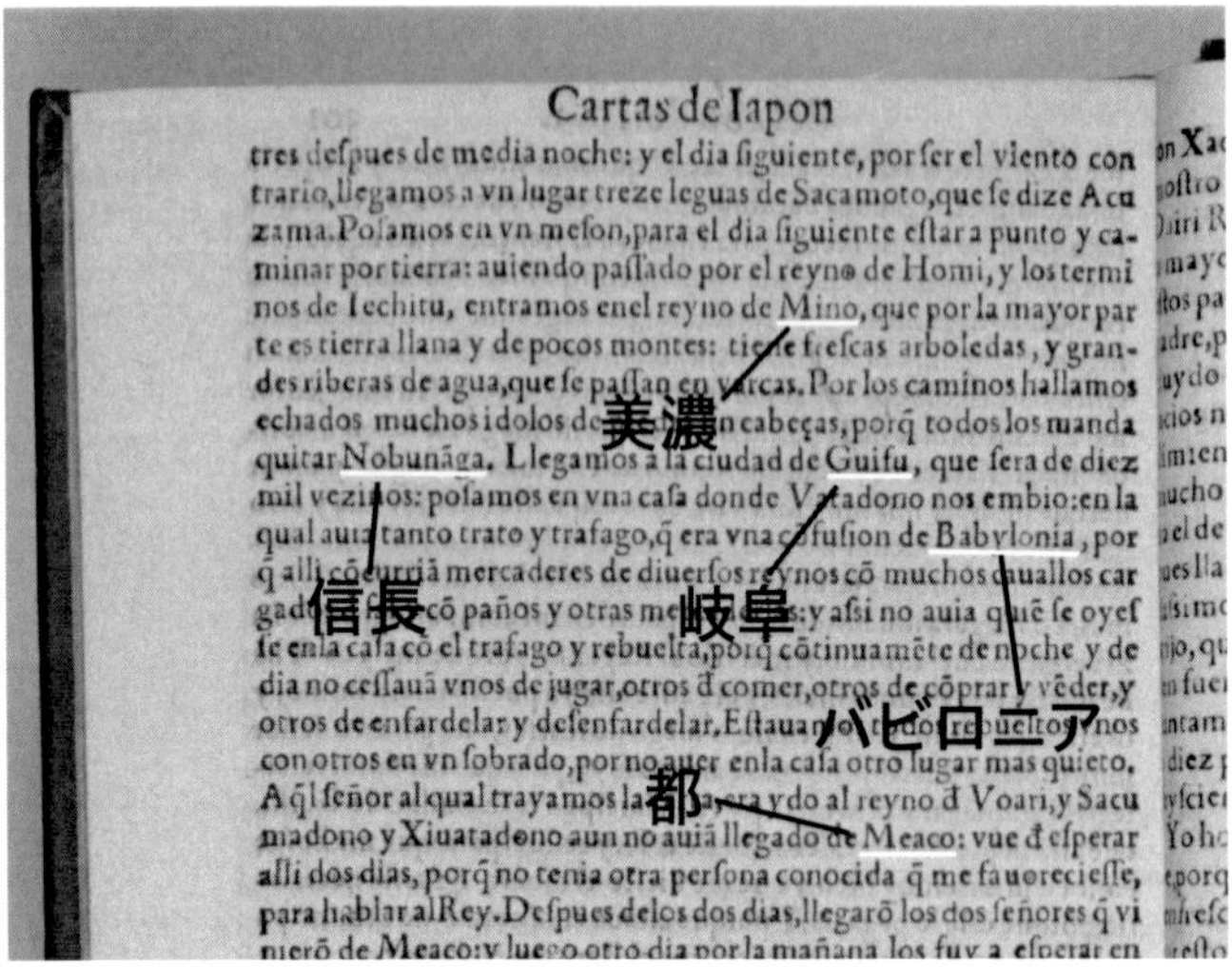
Cartas de Iapon

tres despues de media noche: y el dia siguiente, por ser el viento con trario, llegamos a vn lugar treze leguas de Sacamoto, que se dize Acuzama. Posamos en vn meson, para el dia siguiente estar a punto y caminar por tierra: auiendo passado por el reyno de Homi, y los terminos de Iechitu, entramos enel reyno de Mino, que por la mayor parte es tierra llana y de pocos montes: tiene frescas arboledas, y grandes riberas de agua, que se passan en varcas. Por los caminos hallamos echados muchos idolos de n cabeças, porq̃ todos los manda quitar Nobunãga. Llegamos a la ciudad de Guifu, que sera de diez mil vezinos: posamos en vna casa donde Vatadono nos embio: en la qual auia tanto trato y trafago, q̃ era vna cõfusion de Babylonia, por q̃ alli cõcurriã mercaderes de diuersos reynos cõ muchos cauallos cargados cõ paños y otras me s: y assi no auia quiẽ se oyesse enla casa cõ el trafago y rebuelta, porq̃ cõtinuamẽte de noche y de dia no cessauã vnos de jugar, otros d̃ comer, otros de cõprar y vẽder, y otros de enfardelar y desenfardelar. Estauan todos rebueltos vnos con otros en vn sobrado, por no auer enla casa otro lugar mas quieto. A q̃l señor al qual trayamos la era ydo al reyno d̃ Voari, y Sacumadono y Xiuatadono aun no auiã llegado de Meaco: vue d̃ esperar alli dos dias, porq̃ no tenia otra persona conocida q̃ me fauoreciesse, para hablar al Rey. Despues delos dos dias, llegarõ los dos señores q̃ vinierõ de Meaco: y luego otro dia por la mañana los fuy a esperar en



イエズス会士 書簡集 アルカラ版（岐阜市歴史博物館蔵）

西欧の都市は十七、八世紀以前はとても不潔だったという。フロイスは岐阜城の豪華さだけでなく、とりわけその清浄さに驚いた。そう、多種多様な鳥獣が住む森の山。そこからこんこんと流れ出る水。宮殿や庭園に流れるその清水に。

金華山は今も緑深いが、植生も生物相も信長の時代はもっと豊かだったろう。ともすればフロイスより現代人の方がその美と清浄さに驚いたかもしれない。

さて、フロイスが絶賛した四階建ての信長御殿が実際にどのようなものだったか、大別して二説ある。

まず、平成二（一九九〇）年の「信長

居館発掘調査報告書」で城郭史の村田修三奈良女子大学教授が記したように山の斜面に段々に続く、いわば温泉旅館のような平屋建て説。次に安土城復元で有名な建築史家の宮上茂隆竹林舎建築研究所代表の、実際に四階建てだったという説。これは例えば金閣寺（三階建て）を四階建てにしたような、その後の天守閣の原型のような建築。

昭和五十九（一九八四）年から岐阜市教育委員会が行った千畳敷発掘調査では、フロイスが記した宮殿の入り口とみられる巨石を並べた虎口（折れ曲がり通路）や、かまど跡が出土した。しかし、建物跡そのものの確認はできなかった。

現在、虎口付近は整備されいつでも見学できる。今見る石の列は、実際は高さ三メートルほどの石垣の最下段で、もっと南の山際の方までずっと続いていたらしい。

ともあれ、「信長が築いた岐阜城は、当時の美濃の高い文化性の象徴だ」と宮上は言う。

## 岐阜城、天守閣のルーツ　「天主」は居館の雅名

戦国大名の居館については、信長が上杉謙信に贈った狩野永徳筆の「洛中洛外図屏風」

がよく参考にされる。だが、岐阜城の信長居館にはほかのどこにもない斬新《ざんしん》な三層の豪華宮殿があった。「これこそ日本で最初に築かれた天主」と、宮上茂隆竹林舎建築研究所代表は言う。

宮上によると山麓の宮殿を天主という一方、山頂の砦は天守と称した。天主は信長の文、天守は武の象徴。この二つを合わせて巨大にしたのが安土城天主で、天守閣のルーツは信長の岐阜城にあった、というのだ。

金華山頂の天守について、土山公仁岐阜市歴史博物館学芸員は「フロイスや山科言継の記述から重層建築であったことは積極的には読み取れない。ただ、その後に改築された可能性はある」と言う。ここでは麓の天主に絞って宮上の興味深い話を紹介しよう。

禅宗では、庭園の中の見どころのある場所を、例えば東山殿の金閣のように雅名を付けた。禅僧に仏典とか古典にちなむ名前をいくつか選ばせてその中から将軍が選んだ。信長の天主もそれです。つまり「天主」は信長が建築に名付けた雅名、固有名詞なんです。

禅宗の楼閣には以前から二階建てがあったが、住宅建築からいえば禅僧の住まいに始まるんです。平安の終わりごろ、文芸の場として庭園の中に二階建てが現れる。鎌倉時代になると中国に渡った僧が向こうの建築を伝えた。つまり一部二階建てで、二階部分を文芸の場に使ったんです。

信長の四階建て天主も実質は二階御殿で、これに金閣の三階部分に当たる禅宗建築を載せて庭園建築風にしたものと考えられる。つまりは中世文化の影響を受けた信長唐物数奇《すき》の所産といえます。

「岐阜」の名を選び「天下布武」を号し、天下人となると「天正」と改元させた信長が、「天主」と名付けた御殿で庭園を眺めつつ、足利将軍の気分に浸っている姿が浮かんでくる。

信長居館を訪れたフロイスが記した劇場風の建物というのは、京都の清水寺の舞台のような舞台造りのことだと思います。これは安土や大阪城、仙台の伊達の城にも例があるんです。つまり舞台造りを使って、狭い廓《くるわ》をうまく連絡していたんですね。

岐阜城の千畳敷に重層の天主と遠侍があり、ここはいわば信長のプライベートな空間です。恐らく下にもう一つ、公邸に当たる邸があったはず。江戸時代の古図に出てくる三十間と四十間の邸跡がそれでしょう。当時、将軍家は一町（六十間）四方が最大規模でしたから、武将の居館としてこれは標準的な規模です。

そこで強調しておきたいのは、信長は実は非常にオーソドックスな人だったんです。この岐阜城のプライベート空間も六間と七間四方と平面上では将軍家の主殿規模で、この決まりを重んじて造っている。安土の天主はその三倍はあるが、基準にある寸法はきちんと守っている。決してこれを超えていないところがまた信長のすごいところなんです。

信長は父親が文武両道だったし、守り役の平手政秀は和歌が得意で、見事な数奇、つまり茶室でなく文芸の会を催す座敷を勝幡の屋敷の中に造っていた。

しかし、そこに育った信長も尾張から見ると美濃に強いあこがれがあった。美濃は中世の禅文化の栄えた土地で、夢窓国師の永保寺庭園（多治見市虎渓山町）など素晴らしいものです。土岐氏以来、道三時代もずっと諸国の中で最も文化レベルの高い所だった。そんな美濃にあこがれて育ち、そこに入った信長がそのベースに立って初めて造ったのが天主なんです。

従来、美濃の中世文化について信長と重ね合わせた形で見てこなかったのは大間違いです。岐阜の人たちには、そこのところをもう一度よく見直してほしいと思います。

## 楽市楽座　城下町繁栄願う

公家の山科言継は永禄十二（一五六九）年、岐阜に信長を訪ねた折、城下で評判の善光寺を訪ねた。

『岐阜市史通史編　原始・古代・中世』では、これを伊奈波の善光寺安乗院としているが、信玄の手で甲斐にあった善光寺如来がこの寺に来るのは、天正十（一五八二）年の武田討伐後であり、時代が違う。郷土史に詳しい道下淳は、言継が訪ねた善光寺は、現在、岐阜市役所南にある正覚院のことではないかとみている。

信長は岐阜入城直後の同十年十月、美江寺十二坊に禁制を出した。正覚院はこの十二坊の一寺で、美江寺とともに本巣から岐阜に移り、江戸時代は花園善光寺と呼ばれ、明治期まで今の市民会館の位置にあった。明治十九（一八八六）年に移転に際し寄付を募った趣意書があり、「本尊は善光寺如来分身、信長公の祈願寺、永禄年中に本巣から移る」などと記載がある。そこに「天台宗善光寺正覚院」と印が押してある。確かに善光寺だ。

美江寺は通常、天文年中に斎藤道三が岐阜に移したとされるが、確たる証拠はなく、信長が移した可能性もある。沢彦《たくげん》が甲斐に行脚して信玄に面接した折、善光寺如来の分身を持ち帰って安置したという説もあるから、信忠が本尊を持ってくる前に信長がその分身で町おこしを狙ったと考えても、そう的外れではあるまい。

信長の城下町経営でもう一つ、岐阜と切っても切れないのが「楽市楽座」だ。

しかし、楽市楽座のイメージは一般に言われているようなものでないらしい。当時の通貨・永楽銭を旗や鉄鐔《つば》にあしらった点など斬新な経済感覚は信長ならでは。だが、信長の登場を待たずして楽市場は存在し、信長が座を認めた例も数あることがだんだんに分かってきて、最近では楽市楽座を信長の革新的経済政策とは見ないのが普通という。

岐阜市神田町、円徳寺に加納楽市場にあてた楽市楽座の制札が四枚ある。永禄十年十月と翌年九月が信長の、天正十一年六月が池田元助、翌年七月が池田輝政の制札だが、この加納楽市場が一体どこにあり、どういう性格のものかが長く学会の論争になった。

岐阜市歴史博物館土山公仁学芸員によると、柳ケ瀬と橿森《かしもり》神社の間の美園町かいわいにあった御園市場を当てる説がまずあり、次に円徳寺との関連を重視した寺内町説が出現した。

また、その歴史的意義について「もともとあった楽市場を安堵《あんど》することで掌握しようとした」「浄土真宗寺内に令を出して崩壊させようとした」「市場の持つ〝無縁の原理〟を利用しながら都市振興を図った」など諸説が次々と出てきた。

国立歴史民俗博物館の小島道裕は、『岐阜志略』に、道三時代に御園、岩倉、中河原の三市場が城下の総構えの外にあり、それぞれ榎《えのき》が市神として植えられていたとある点を重視。総構え内に直属の商工業者、外に一般業者を集める複合都市論を提示し、「楽市場は御園市場で斎藤氏によって設定され、信長はこの城下の楽市場を安堵した」とみる。(『戦国城下町の構造』)

小島は続いて、岐阜と異なって総構えという境がなく全体がひとつなぎで町全体が楽市令の対象になった安土の町に触れ、「(ここでは)城主が市神に、城が神社あるいは寺内町における寺院に相当する存在になった」と述べた。信長の〝神格化〟問題を考える上でこ

御薗の榎（岐阜市）

れは実に興味深い。

思えば戦国城下町ほど危ない町はない。戦に負けようものなら真っ先に焼かれて財産も命も危うい。信長は城を舞台に市神を自ら熱演することで町をおこし、城下町イコール繁栄という図式を完成させたわけだ。

だが、宣教師フロイスにはとても理解できないことだった。岐阜の善光寺如来のように、信長が多くの人に信仰されている偶像を全国から安土に集めるよう命じたのは、「崇拝させるためでなく、これによって己を崇拝させんがため」と、イエズス会総長に報告した。

## 南蛮文化　安土桃山文化の源に

キリスト教を保護した信長は都に南蛮寺、安土に聖堂・セミナリオ（神学校）を建てさせた。安土にはヨーロッパでもまだ珍しいオルガンが運び込まれた。生徒はこうした楽器演奏やミサ曲などの音楽をラテン文学とともに必修で学んだ。

（信長は）時計を観《み》、また備え付けのクラボ（ピアノの前身）およびビオラを観て両方とも演奏させ、これを聴いて喜んだ。クラボを弾いた少年は日向の王の一子（伊東祐勝）であったが、これをほめ、またビオラを弾いた者もほめた。次に鐘《かね》その他の珍しき物を観に行った（『イエズス会日本年報』）

信長はフロイスが岐阜に訪ねた時も音楽を聴いていた。恐らく幸若か能楽のようなものだろうが、とにかく音楽好きの信長が見知らぬ異国の音色と旋律を聴いて楽しんだことは疑いの余地がない。

この時代に日本が洋楽と出合った名残が、長崎の隠れキリシタンが今に歌い継いだ念仏歌「オラーショ」の抑揚に見られるとする説があると、久野寿彦岐阜大学教授（音楽史）は言う。

音も色も、香りも味も、世界観も信長を魅了した。

フロイスが贈ったビロード帽子や金平糖《こんぺいとう》、ヴァリニャーノが贈ったビロードの大椅子……。ワイングラスを片手に金平糖をかじりながら、ビロードの大椅子で洋楽に耳を傾け、地球儀の「世界」に目を輝かせる信長。日本が西洋に初めて出合った時の驚き、感動、あこがれを信長は見事に演じ歴史に刻んだ。

思えば鉄砲とキリスト教に象徴される南蛮文化に触れた戦国大名は信長に限ったわけではないが、南北朝時代に流行った婆沙羅《ばさら》、いわば奇装寄行のパフォーマンスを再現し、あるいは婆沙羅を超えたカブキ者の信長だけがひょいとその気風を捕らえ得た。

解放感あふれる色と光に彩られた南蛮文化や南蛮風俗は、狩野内膳らが描いた初期の南蛮屏風《びょうぶ》によく描かれている。「南蛮寺図」の南蛮寺の門前にビロード帽子を売る店が描かれているのを見るにつけても、まさしく信長こそが南蛮文化のトレンドセッターであり、豪壮華麗な安土桃山文化の生みの親という感を深くする。

南蛮屏風 狩野内膳（部分）（神戸市立博物館蔵）
Photo : Kobe City Museum / DNPartcom

だが、岐阜県内でその南蛮文化の名残を探すのはかなり難しい。わずかに高山市・城山の日枝神社に金森長近が信長に拝領したと伝わるバテレン風の緋羅紗《ひらしゃ》陣羽織があるぐらいだ。

ただ、キリスト教については、手掛かりがないわけではない。かつて用水工事で青や赤の焼けたガラスが多数出土した岐阜公園西辺りが天主堂跡とした郷浩の見解や、岐阜市鷺山にある蝉という地名がセミナリオに関係あるのではという説もある。

『尾張と美濃のキリシタン』の著者横山住雄によると、美濃のキリシタン史は永禄年中、斎藤義龍の家臣山田庄左衛門の入信に始まる。信長、信忠、秀信と三代にわたる手厚い保護で岐阜城下には天主堂ができたし、関ケ原合戦後には加納城主奥平忠政も、その母亀姫（徳川家康の娘）も入信していたのだろうか。

横山は、亀姫の墓や「パウロ」と読めるサインを記した亀姫の画像を所蔵する岐阜市加納の光国寺は美濃のキリシタン史を色濃く残す寺だという。

信長が引き寄せたキリスト教の遺産は家康以降、徹底的に破壊され、抹消された。羽島郡笠松町長池の木曽川河畔にかつてあった大臼塚は、元禄年中（一六八八～一七〇四年）、可児郡塩村農民の殉教の遺跡だった。（『羽島史跡のドライブ』）

激しい弾圧の中で、それでもなお消し得なかった人間の心の歴史を、笠松や羽島、岐南、川辺、御嵩などに辛うじて残ったマリアの像が語り掛けてくれる。

## 鉄の道　天下統一への原動力

信長は大量の鉄砲で武田騎馬隊を駆逐し、無敵の毛利水軍を当時まだ世界に例のない鉄甲軍艦で破った。

「あの時代の鉄兜《かぶと》は第二次大戦でドイツ軍が使ったヘルメットと同質です」と、濃飛甲冑《かっちゅう》研究所の吉田幸平所長は言う。日本の技術水準の高さをうかがわせる話だ。

思えば信玄の背景には幾多の鉱山があったが、信長の天下統一は鉄の力といえないか。そしてその兵器工場は国友や堺だけでなく、美濃・尾張にもあっただろう。織田のルーツの越前も尾張も美濃も近江も、みな鉄の国だった。中でも美濃の鉄の力こそ、信長軍団の力でなかったか。

岐阜の鋳物の老舗《しにせ》・ナベヤの先祖は信長の家臣で、遠祖は河内から多芸金屋、長森、四ツ屋を経て金屋町に来た鋳物師という。（『岡本家歴代記』）また、関の刃物は当時からよく切れる実用品として信長の時代の武将に重用された。種子島で国産鉄砲第一号を造った八板金兵衛も関鍛冶説がある。（『八板氏系図』）

「壬申の乱で尾張と美濃の二万の兵の刀は美濃で造った、と『続日本紀』にあり、古くから美濃鍛冶がいたことは分かるが、関になぜ刀鍛冶が集まり、原鉄はどこから集めたかなど、いまだによく分からない」。岐阜県博物館である年、講演した東京国立博物館の小笠原信夫刀剣室長はこう切りだした。

さらに秀吉や光秀、細川忠興、加藤清正らが関物を戦に使ったこと、大量生産が必要な時代に関の技術がマッチしたこと、国友鍛冶も関の流れとみられるほか、江戸期に全国各地に関鍛冶が影響を与えたことなどを指摘し、「一人ひとりの名工より集団の力が大きかったのでは」と結んだ。

今のアパレルや刃物、陶器など岐阜の地場産業の底力も、ひょっとしたらそんな伝来の技術力、結束力に関係があるのかもしれない。

信長は、春日神社を守護神として座を形成したとみられる関鍛冶を保護し、また、養老の勢至鉄座を安堵した。(『玉井文書』)

一方、幸いなことにほぼ同時代の鉄地蔵が名古屋市金山、観聴寺などに残っている。大同工業大学の横井時秀教授の導きで同寺の熱田地蔵と呼ばれる二体の鉄地蔵を拝観したことがあった。享禄四(一五三一)年に鋳造された一体は太平洋戦争の戦火で右手首が焼失したが、後年、横井教授らが加茂郡八百津町飯地の磁鉄鉱を使って復元した。

横井教授は八百津地方史研究会の古田平一郎らと古い鉄の産地を調査する中で、熱田地蔵と成分が酷似する良質の磁鉄鉱を見つけ、当時のたたら製鉄で製鋼した。

「濃尾平野の鉄の歴史を考える時、よく木曽川の砂鉄を使ったと定説のようにいわれるが、熱田地蔵も、小牧市東部の狩山戸製鉄遺跡を見ても、成分を分析すると明らかに岩鉄なんです。尾張東部から東濃にかけての陶土層に出土する鉄板、鬼板と呼ばれる褐鉄鉱や、飯地の磁鉄鉱が有力な鉄源だったのだろう」と横井教授は言う。

しかし、尾張に鉄地蔵は十三体もあるのに、なぜか美濃には可児市文化財審議委員平田録郎の調査で御嵩町小原の薬師像と、可児市大森の民家にある愛染明王の二体しかない。

ただ、十四世紀の鉄塔が不破郡垂井町の真禅院にある。同寺は明治の神仏分離まで金属神・金山彦命をまつる南宮大社と一体で、美濃で最古の梵鐘もある寺である。

「美濃に古墳は多いが、古墳エリアは鉄エリアなのです。南宮、白山、稲荷、物部神社とか伊吹、揖斐、赤坂など鉄に関する地名も多い」と吉田所長は言う。船戸政一美濃市教育長は観音寺山古墳で出た中国鏡に絡めてムゲツ氏と鉄の背景に思いをはせる。美濃の製鉄史の手掛かりは数多いが、研究はまだ始まったばかりだ。

## 文化観　華麗な催しで権力誇示

建築史家宮上茂隆は、岐阜城でフロイスが見た「第一の内庭の舞台ようのもの」は清水の舞台に似た建築の一部というが、岐阜市歴史博物館の土山公仁学芸員は、信長のイベント好きの性格からしてやはり舞台そのものでないかとみる。

信長は踊りや幸若、鷹狩り、相撲や競馬を大いに好んだ。安土ばかりか岐阜城下でも相撲を奨励し、長良川馬場で競馬を催したのであろう。天正九（一五八一）年の正月には安土で左義長、二月には京都で天皇を招いて馬ぞろえを主催し、壮大華麗なイベントで権力を誇示するとともに、自らパフォーマンスの主役となった。

その極め付けは安土城のライトアップ。今の岐阜城のライトアップなどとはセンスが違う。信長は城下の明かりを全部落とさせ、城の各層の軒のちょうちんに灯をともしてその幻想的な風情をみんなで楽しんだ。

この心憎い演出は信長の故郷・勝幡に近い津島の天王祭を思わせる。信長が手厚く保護

尾張津島天王祭（愛知県津島市）

した津島神社の夏祭りで、今もちょうちんをいっぱい付けた五隻の巻き藁《わら》船が天王川（今では池だが）を華麗に彩り、いかにも風情がある。津島は当時、海に近く、安土の風景と似たところがあった。信長は幼心に焼き付いた原風景を安土の湖水に再現してみせたに違いない。

では、信長のもう一つの道楽、茶の湯はどうか。

信長は永禄十二（一五六九）年、岐阜城下で「壺事件」を起こしている。斎藤義龍の遺品の壺を信長がよこせと言い、義龍の室はないという。信長の室帰蝶（濃姫）も兄弟はじめ斎藤氏一族、旧家臣らとともに夫信長に抗して断念させたという。(『言継卿記』)

信長はなぜそんな壺を欲しがったか。そこはやはり沢彦《たくげん》、あるいは策彦《さくげん》といった禅僧に感化を受けた信長の唐文化へのあこがれをうかがうことができよう。

「信長は本当に茶の湯が好きだったかどうか。武野紹鷗の茄子の茶入れなどの名物狩りをやり、武将の論功行賞に茶器を利用したのは確かですが」

加藤卓男美濃陶芸協会名誉会長は言う。

「南蛮文化のファッション性、色彩、異国情緒の影響を受けて、桃山期の美濃は志野、織部、黄瀬戸、瀬戸黒など華々しく多彩な名陶を生み出した。面白いものがあるんです」

加藤方の一棟は世界の陶芸博物館さながらだ。

「織部そっくりですが、実はベトナムの北部ハイフォンの出土品です。ここは十六、七世紀の緑釉《ゆう》陶器が多数出る。オスマントルコの商人が中東からペルシアの技術を運んで生まれたんでしょう。南のホイアンの日本人町から朱印船で堺に持ち込まれ、安南織部と呼ばれて日本の織部の源流になった可能性が大きい」

その織部焼と信長の武将古田織部とのかかわりを伝える確証は何もない。それでも種々の状況から織部焼は古田織部の強い影響を受けた焼き物であろう。

古田織部は茶聖・利休の高弟。利休は秀吉に、織部は家康にそれぞれ切腹させられ、ともに数奇な宿命を生きた。織部は利休の茶を武家風に改革するとともに静よりも動を好み、雄大で力強く華やかでしゃだつな桃山陶芸をデザインした。

ところが、古田織部の素性はよく分からない。多くの読み物に美濃出身とあるが、根拠は古田織部が美濃国山口城に居城したとする『美濃明細記』だけ。『本巣町史』では山口城主別人説を採るなど、諸説がある。

織部を「今日の日本陶芸の基盤を造った功績者」（加藤卓男）とみた時、織部の出自が美濃であろうとなかろうと美濃古陶の斬新で力感にあふれた美を生み出した意義は大きい。そしてその源をたどれば、やはり美濃と信長との出合いに思いが及ぶのである。

## 鵜飼　漁法に生死の一瞬映す

岐阜で信長が愛したものの一つに長良川鵜飼がある。

永禄十一（一五六八）年六月上旬。信長は甲斐の武田信玄の使者秋山虎繁（信友・後の岩村城主）を手厚く迎え、梅若大夫の能を観賞した後、長良川鵜飼に招いてもてなした。（『甲陽軍艦』）

　このあたり目に見ゆるものはみなすずし

　おもしろうてやがて悲しき鵜舟かな

芭蕉は貞享五（一六八八）年夏、岐阜・妙照寺に滞在し、長良川鵜飼を見て名句を残した。舟べりをたたく櫂《かい》の音。パチパチと燃える松のかがり火。〝ホー、ホー〟という鵜匠の声。激しく鮎を追う鵜の羽音、水音。

長良川鵜飼はまさに岐阜の夏の夜の風物詩だ。

平安のころ、既にショーとしての鵜飼はあったらしい。場所は初め岐阜市黒野辺りだったが、その後の長良川の流路変遷で、信長の時代は今と同じと考えられる。漆黒《しっこく》の金華山を背景にした古典絵巻は今もその風情を伝えている。

信長が鷹狩りを好んだのは有名な話だが、江戸時代に入ってからの伝承に、信長が鷹匠を準じて鵜匠にも禄米十俵あてを給し、鵜舟を与えてこれを保護し、その子信孝もこの方

長良川の鵜飼（岐阜市）

式を継承したといわれている。（『岐阜市史通史編　原始・古代・中世』）

「鵜鷹逍遙《しょうよう》」を歓迎したという家康も信長とよく似ている。江戸幕府は直属で鵜匠を保護し、その伝統は尾張藩に受け継がれ、明治期からは皇室が「御料鵜飼」として鵜匠の特権を保護した。これらの保護制度が崩壊しても今なお、長良川鵜飼が健在なのは、まさに鵜匠制度の生みの親である信長のお陰と言っていいだろう。

でもなぜ、信長や家康がそんなに鵜飼が好きだったのか。夏の夜の風流に、戦疲れの心をいやしたのか。あるいは、よく訓練された精強な鵜軍団が、流れに潜む敵の将兵を次々くわえるのを快しとする、戦国武将の本性なのか。それならなぜ、信玄は鵜飼も鷹狩りも嫌ったというのか。現代に生きるサラリーマンなら、首に縄を付けられて魚を追い、せっかく捕まえた獲物もせっせと会社のために吐き出してしまう、鵜の黒いシルエットになにか慰められるような共感を覚えもするだろう。しかし、信長がまさか、そんなしみったれであるはずもない。

では、鷹匠や鵜匠の技に戦略、戦術の極意を見るのだろうか。いや、そんなちゃちな動機でもあるまい。

言うならば、スポーツの快感だろうか。かがり火に光る鮎を鵜を操ってすなどる漁法は狩猟民族の源流を思い起こさせる。その根源的な感動に身をゆだねる一瞬、信長は夢幻の人生の生死を自らの内に燃え立たせているのでなかろうか。

「〝ホー、ホー〟と鵜を励ます声、あれは自然に出てしまうんです。金華山と長良川、この大自然の中でやってると、自然にそういう気分が高まってくる」

長良川鵜飼の杉山秀夫鵜匠はこう言う。

「やみの中で動きが鈍い鮎が、かがり火に目がくらんでうろたえる。きれいな魚で、光って輝く。それで鵜が飛び付くんです。大事に育てた鵜に鮎を捕らせるのが鵜匠の腕だし、たくさん捕れれば素直にうれしい。本当はそれが私の喜びなんです」

信長は恐らく、そんな鵜匠の精神を共有していた。手に入れたいものは、鮎ではなくて天下だったろうが。

## 幸若舞「敦盛」の一節は生涯そのもの

〽人間五十年、下天のうちをくらぶれば夢幻のごとくなり、一度生を得て滅せぬもののあるべきか……

信長は若い日、幸若大夫の舞で評判の「敦盛」のこの一節を、津島の町人松井友閑に習った。このくだりが好きで、ここばかり繰り返し舞ったと旅の僧から聞いた甲斐の武田信玄が、「異なものを好む」と言ったという。

信長は信玄より十三歳若いが、「異なもの」と言ったのは年代差だけではなかったろう。当時、幸若舞をそこまで好むというようなことは、一流大名の常識からは外れていたのに違いない。

でも、そこが信長。単なる流行や珍しさが好んだわけではない。桶狭間出陣の時だけでなく、生涯、戦に明け暮れながら、一瞬一瞬、心に繰り返し刻んだフレーズだ。信長の生き方にいかにもピッタリしていて印象深い。

では、その幸若舞とは何か。辞典などには室町時代から江戸時代に隆盛した曲舞《くせ》の一派とある。南北朝時代の源氏の武将桃井直常の孫幸若丸が比叡山で修行中、草紙に節をつけて歌ったのが起源とされているが、それはどうやら後世の伝説ではないかと書いている。十六世紀半ば、つまり信長の時代に登場した、新しい感覚の芸能だった可能性もある。

能随筆家村瀬和子は「能は歌と舞ですが、幸若は語りの舞です。応仁の乱を挟んで世の中が変化し、平曲の雅《みやび》に飽きて、もう少し動きのあるもの、例えば『曽我物語』『義経記』といった軍記物が好まれた。『敦盛』もそう。信長はバサラとカブキの間の新しい感性の持ち主だから、能よりピッタリくる幸若舞を好んだのでしょう」という。

信長が百石の禄を与えた越前幸若の本拠、越前国丹生郡田中村（福井県越前町）に、幸若舞のルーツを物語るものは少ない。

幸若舞（福岡県みやま市）

福岡県山門郡瀬高町（みやま市）で大頭流という幸若舞の一派が毎年正月二十日に天満神社で舞を奉納（国重要無形文化財）している。紋付き姿の三人が鼓でリズムをとりながら詞を語っていく。本と一字一句違わないように照合する後見役がいて間違ったらきちんと直させるという。舞といっても前へ出たり下がったりの静かなものらしい。

村瀬は続けた。

「曲舞は全国各地にあり美濃にもあったはず。でも越前幸若が信長や家康に擁護されるとほかは廃れ、その越前幸若もいつしか滅びるべくして滅びた。大頭舞を見ると幸若舞は武張ったもののようですが、初めはもう少し優美なものでなかったか。戦場に向かう人の心を安らかにするのどかさがあったと思う。特に美濃幸若は人を惑わせる艶冶なものだったといわれます」

越前の芸が抜群だったのだろうが、田中は織田氏の遠い故郷、織田荘の隣だから、その縁もあったかもしれない。でも、岐阜県にしてみれば美濃幸若が後世に残らなかったのは残念だ。

ただ、久野寿彦岐阜大学教授（音楽史）は「白山山麓《さんろく》には根尾村能郷の能狂言はじめ、能にまつわるものが多い。福井県には能面が多いし田楽能もある。五箇山に男女が手をつないで踊る舞が残っていて、荘・白川の盆踊りの中にも似たのがある。中世末から近世に流行った風流踊りが基になって各地の盆踊りができたんでしょう」という。探せば美濃幸若のシッポだってどこかにあるかもしれない。

ともあれ信長にとって幸若舞「敦盛」の一節は生涯そのものだった。芸は消えても、信長のその舞は今も人心をとらえて離さない。

# 第五章　「天下布武」への戦い

## 天下布武 印判が記す「天下の風」

「しのび草には何をしよぞ。一定語りおこすよの」。生涯に何か一つ、語り草となるようなことをしてみたい、とでもいうのか。美濃、尾張から伊勢の国まで眼下に見渡せる岐阜城に立って、信長はこの好きな小唄の一節を口ずさんだかもしれない。少なくとも「しめた」と思ったに違いない。

美濃を落とせば天下を落としたも同然だ。信長は足利義秋（義昭）の勧請を受けてからずっと参洛する意志を強く持っていた。それを邪魔したのが美濃であり斎藤龍興だった。美濃攻めに苦労はしたが、今、龍興は逃げ去り、義父道三が十一年前、「譲る」と言った美濃が足元にある。

「もともと俺のものだったんだ。尾張と美濃が俺の本拠。美濃はいいなあー」

やはり、そう言っただろう。信長はためらわず小牧山を捨て、周の文王の気概で岐阜入りした。永禄十（一五六七）年、満三十三歳の秋だ。

「天下布武」の印（瑞龍寺蔵）

もう、天下を取った気分だったのだろうか。発給文書にこのころから「天下布武」の印文を彫った印判を使い始めた。

「天下に武を布《し》く」という。その天下とは、当時の意味を探るなら京都、つまり中央の政権をいうらしい。また、布武とは宗教や朝廷の横やりを退け、武家が支配する「絶対王制」を目指すということか。

「天下布武」の印判がある最も古い現存史料は、同年十一月の日付がある家臣兼松正吉あての文書である。この印判は、初期はだ円形だが、元亀元（一五七〇）年から馬てい形になり、天正五（一五七七）年ころには双竜が周囲を囲む形のものも使っていた。

まるで信長の生涯そのもののような、壮大なこのスローガンを信長に推奨したのは「岐阜」と同様、師父沢彦宗恩《たくげん》だった。（『安土創業録』）

沢彦は岐阜命名・天下布武推奨の褒美として、岐阜城で信長に黄金を積んだ堆黒《ついこく》の盆をもらった。この盆は豊後の戦国大名で盛んに貿易を行い、後に天正遣欧使節を送ったことで知られる大友宗麟から信長がもらったものと伝わる。南宋時代の彫漆器として同質のものは今や世界に五つ、日本に三つしか無い貴重品といい、政秀寺に寺宝として秘蔵されている。一説には信長の名も沢彦の考案によるという。信長前半生の精神的支柱だったことは間違いない。

永禄十年十一月九日、立入《たてり》宗継が正親町天皇の綸旨を伝えに岐阜に来た。信長を「古今無双の名将たり」と持ち上げ、「尾張・美濃の御料所を回復せよ」とちゃっかり注文を付けた。（『立入文書』）

その二日前には本願寺門跡顕如からも美濃平定の祝意が届いていた。（『顕如上人御書札案留』）

天下の風が、岐阜になびている。

信長は喜んだ。十二月一日、近日上洛する決意を義秋ゆかりの奈良・興福寺や柳生氏らに伝えた。（『柳生文書』）

近江・小谷城の浅井長政と同盟を結び、妹お市を嫁がせた時期には諸説あるが、恐らくこの年のうちでなかったろうか。

## 光秀登場　足利義昭、岐阜へ

信長は「天下布武」に乗り出す考えでいた。美濃攻めで秀吉が武将として頭角を現してきたし、明智光秀と名乗る男が足利義昭の近臣として信長の前に現れた。永禄十一（一五六八）年夏。本能寺の変の十四年前。役者はそろった。

この年二月、十四代将軍に足利義栄《よしひで》が就いた。義栄を担ぐ三好三人衆らの手で暗殺された十三代義晴の弟義秋は放浪四年、雪深い越前一乗谷で悶々の日々を過ごした。「自分こそ正当な将軍継承者」として上洛への参陣を重ねて四方に要請するが、だれも腰を上げない。朝倉義景も一向一揆に手を焼き、出兵意志はありそうにない。

四月、義秋は義昭と改名した。もはや頼むは信長と岐阜へ移る腹を決めた。信長はこの年二月、北伊勢を制圧。四月には近江の佐治、永原を味方に付けていた。江北の浅井は今や妹婿、甲斐の武田、三河の徳川もいわば身内で、上洛準備は義昭の移座を待つまでもなく進んでいた。

立政寺にある石碑（岐阜市）

七月二十五日、義昭は信長が差し向けた和田惟政、村井貞勝らとともに小谷城を経て岐阜・西荘の立政寺に着く。信長は銭千貫文と太刀、鎧《よろい》、馬などを献上して丁重に出迎えた。

光秀の名が史実として登場するのはこの時である。

光秀は高い教養と理性を備

えた名将でありながら、逆臣として昔から指弾、排撃されてきた。正当な評価が出てきたのはようやく戦後になってからである。

その先駆けとなった高柳光寿の著作『明智光秀』によれば、明智という名字の武家の生まれであったにしても父の名さえ分明でない、秀吉よりましかもしれないにしても、「そういう家柄」の出身であるという。

美濃出身ではあろうが、岐阜県内で手紙一通見つかっているわけでない。生年も大永六（一五二六）年とか享禄元（一五二八）年とか、はっきりしない。

とにかく、いつからか朝倉氏に仕え、細川藤孝とともに義昭の近臣として岐阜の信長の前に突然、現れた男、それが光秀である。

義昭は出立前、上杉謙信に「信長が参洛を承諾したので岐阜に移る」と手紙を出した。よほど筆まめな性格と、なお上杉に気を残す心の陰影がうかがえる。

しかし、信長は義昭の微妙な心境などはどうでもよかった。正親町天皇から届いた綸旨に加え、将軍擁立というもう一つの「名目」が身柄付きで飛び込んできたのだ。いわば〝勤王〟と〝佐幕〟の両方の名分と、尾張、美濃ばかりか北伊勢まで領有し終えた信長に

観音寺山遠望（滋賀県近江八幡市）

とって、上洛をこれ以上待つ理由はもはや何もない。

八月、浅井氏の支城の佐和山城まで出向き、江南の六角承禎に「通してくれたら京都所司代の職を約束しよう」と協力を求めた。

しかし、先に近江矢島から義昭を追い出した承禎は取引を拒否した。二代で成り上がった道三の子義龍との縁組を断ったのは、近江源氏の名家の自負だ。織田も似たようなものと思ったか、親類関係の北伊勢を封じられた恨みもあっただろう。

しかし、承禎が信長を見くびったのは誤りだった。信長は九月、数万の大軍を率いて電撃出陣し箕作城を落として観音寺城に迫り、承禎は逃げ出した。京の将軍義栄も三好も信長入京の前に逃げ、信長は近江、京都と河内、大和、摂津まで一気に制圧してしまった。十月。十五代将軍に就いた義昭は信長を「御父」と持ち上げ「武勇天下一」と絶賛し副将軍か管領になるよう要請するが、信長はあっさり断り岐阜に帰った。

ここに表れた信長と将軍の思惑の違いが、光秀の運命を変えた。初め朝倉を見切った光秀は次に義昭も見切ることになった。

## 龍興の最期　史実の陰に存亡のなぞ

将軍足利義昭の御座所、本圀寺に三好の残党が急襲と、京からの飛脚が岐阜城に駆け込んだ永禄十二（一五六九）年正月六日、美濃は大雪だった。信長は電光石火、桶狭間合戦さながらの早駆けで京に駆け上った。いわゆる六条合戦だ。この三好勢の中になんと、元美濃の主斎藤龍興と関城主長井道利がいた。

龍興主従は長島に落ちた後、三好を頼って摂津・河内に移っていたが、ここで突然のように再登場する。

二年後、長井道利は摂津白川で敗死する。龍興は天正元（一五七三）年八月、刀根山で朝倉勢三千の首一つとして信長方に検分された。

昭和四十三（一九六八）年、刀根坂の少し西にある福井県敦賀市疋田の名刹、定広院に龍興の墓とみられる宝篋印塔《ほうきょういんとう》があるのを郷土史家松田亮が見つけた。龍興がこの山中で路傍の露と消えたことはまず史実に違いない。

しかし、羽島市足近町の願教寺は「龍興の菩提所」と伝えられ、龍興の墓とともに義龍、龍興、そしてその子義仁の位牌がある。

「刀根坂で死んだのは影武者で、龍興は石山本願寺に逃れ、再度雑兵に交じって信長と戦ったんです。天正八（一五八〇）年に本願寺が信長に降伏してしまうと、今度は長島から参陣していた了願とともに足近の天台宗誓浄坊と呼ばれた古寺に隠れ住み、再起の機をうかがっていた。でもそれもむなしく天正十年五月五日に病死したそうです。本能寺の変の一カ月前で、自刃ともいわれています」

長島秀賢住職は言う。

寺由緒によると、了願は天正十二年、浄土真宗願教寺と号を改め、不破郡垂井町の平尾御坊（願證寺）をはじめとする長島六坊の一寺として江戸中期まで大いに隆盛を誇ったという。

その龍興の墓は高さ四十センチほどの一石五輪塔。よほど慌てて、あるいは隠れて彫ったのか「華貞院龍興」と乱雑に刻まれている。

龍興の法名は普通、「瑞雲庵龍興居士」といわれ、「常在寺記録」には「瑞光院殿龍淵宗雲日珠大居士」とあり、敦賀定広院過去帳と墓には「宝山宗順大居士」、さらに願教寺は「華貞院殿──」とあってバラバラだ。一体どれが本当の龍興なのか判断に苦しむが、龍興と長島、本願寺と三好勢、さらに本願寺顕如と了願という濃密な線上で考えると、「龍興生存説」もさもありなんということになる。

さらに斎藤の重臣日根野弘就兄弟が天正元年ごろ、石山本願寺の城将として長島一揆に加わり、岐阜から約三里（十二キロ）の距離に新築した城砦で信長と敵対した史実もある。三里とはちょうど足近付近と考えるのは乱暴だろうか。斎藤の残党が龍興の死後、供養塔を足近に残したとしても別に意味のない話ではない。

一方、これも興味深いことに、岐阜には龍興の名そのものを寺号とする龍興寺が現存するのである。瑞龍寺山の東南麓、梅林公園内に静かなたたずまいを見せる寺である。

寺伝では永禄六年、龍興が開基となって厚見郡下加納に創建された。今、加納龍興町と地名が残る辺りという。その後、興亡を繰り返したが、明治十一（一八七八）年に現在地に移り、大宝寺（岐阜市）に預けてあった本尊智恵観音を迎えて今に至る。

「ご本尊は空海が唐から持ち帰って高野山蓮華谷の庵室に安置されてあったのを、龍興公の先祖が高野山参詣の折、この尊像を懇請し念持仏として長くあがめていたものと伝わります」と松原文彬住職。

## 美濃衆　「天下布武」を支えた強兵

〽一に上杉、二に武田、三に徳川、四が斎藤、五が北条、六に今川、七に織田、八が浅井、九に朝倉、十に公方は数の外……

江戸時代、町人の間でこんな歌が流行ったという。尾張の弱兵、美濃の強兵は戦国の常識。信長軍団への美濃衆参入は天下布武の必要条件であり、大胆な見方をすればその時点で条件を満たしたといえるが、相応の評価を受けることなく今に至っている。歴史は勝者が作るというが、秀吉、家康によって美濃衆がかすんでしまったのだとすれば、信長から岐阜城を継いだ嫡子信忠が本能寺の変で落命したことは誠に残念と言うほかない。

史実に照らしてみれば、信長は美濃も尾張も本拠地と考え、濃尾の武士を大変思いやり深く扱っている。役に立つものならなんでも役立てるという合理主義からかもしれないが、いわば外様の美濃衆は尾張衆と何ら差別なく、馬廻り衆とか小姓衆とか弓衆、鉄砲衆などに配され、信頼を得てよくその力を発揮した。本能寺の変で死んだ信長の親衛隊に、尾張とともに美濃の侍が多数いたことも『信長公記』が語る通りである。

美濃衆の代表は何といっても明智光秀だが、稲葉山城乗っ取りの竹中半兵衛重治、祐筆として重用された武井夕庵、側近であり有力武将だった森可成やその子長可・蘭丸、それに堀秀政。信秀以来の宿老の林秀貞（通勝）も美濃出身説がある。

ただ、史実として最も早く信長傘下に名を連ねるのは弘治二（一五五六）年の稲生合戦に近習として加わった森可成。次いで永禄二（一五五九）年の初上洛で同行した金森長近と蜂屋頼隆（二人とも美濃出身でないとする説もある）。

　美濃攻めの中では、羽島石田の毛利広盛、美濃駒野の高木貞久、美濃青柳城の市橋長利、徳山谷の徳山則秀、揖斐池田の国枝古泰らが文書に登場し、美濃加治田城の佐藤忠能、道三の子らしい斎藤利治、松倉城主坪内利定が合戦で名を上げる。さらに曽根城主稲葉良通（一鉄）、大垣城主氏家直元（卜全）、美濃北方城主安藤守就の「美濃三人衆」が信長に内応し、美濃制圧の決め手となった。

　このほか、しぶとく信長に抵抗した斎藤重臣の日根野弘就、越前に足利義昭を迎えに行った安八郡西保城主不破光治、上洛戦で活躍した坂井政尚、本圀寺で三好三人衆らと戦った赤座永兼、長篠合戦で鉄砲隊を指揮した近習野々村正成、安土二ノ丸番衆となった丸毛光兼も見落とせない。

　また、聖徳寺会見で斎藤道三の家来だった猪子高就がいつの間にか信長軍団に加わり、同じく津島の堀田道空も、その屋敷を信長が訪ね女踊りをしたりする。

　そういえば秀吉を介して信長側に就いた蜂須賀小六も、初めは道三に仕えていた。信長の故郷勝幡から見ると、堀田の津島も小六の蜂須賀も勝幡の目と鼻の先にある。これを考えると当時はまだ主従関係は面でなく、点の関係だったといえるかもしれない。それが信長岐阜入城以降は、領国の将士は軍団の事業化とあいまって面的に信長配下に組み込まれていったようだ。

信長にとって美濃衆は有能な部下だったのだろうが、美濃衆にとって信長は、なびかねば生存すら危うい超猛烈台風といった存在。

その台風下、八幡城の遠藤慶隆は武田信玄ともひそかに連絡を保ちながら信長に帰順し姉川合戦などに従軍する。鉈《なた》尾山城の佐藤秀方、苗木城の遠山友忠らも同様に合戦に加わった。高山城主の三木自綱は参陣はしなかったものの、上杉とともに信長にもよしみを通じることを怠らなかった。

思えば美濃衆は信長の下で光り輝き、何人かが大名となった。一部は信長と生死を共にした。結果論だが、光秀とて歴史の主役になれなかった。今日の美濃の祖ともいうべき残るほとんどの美濃衆は、次の台風で四方になびき、それぞれの運命を引き当てた。

## 名将一鉄　優れた武功

美濃三人衆の中で、子孫が江戸時代も大名として家格を保ったのは稲葉良通（一鉄）一人だけである。

菩提寺の月桂院（揖斐郡揖斐川町）の杉山秀堂住職がまとめた冊子はこう記す。

一鉄は戦場に臨むこと八十余回、一度も敗けたことがない。その過半数は信長の征戦で永禄十一（一五六八）年の上洛戦に始まり元亀元（一五七〇）年の姉川合戦、天正元（一五七三）年の朝倉討伐、さらに長島攻めや長篠合戦でも信長に激賞された。戦国の世に勇将智将が多しといっても、一鉄に比べるに足るだけの武将はまれというも過言ではない

さらにこんな話もある。

信長は武功優れた一鉄を恐れ、天正二年、岐阜城の茶席に招いて謀殺しようとした。一鉄は床の間の書幅を朗唱し、信長の威名が天下にとどろき、己に罪が無いことを諷

刺した。これを壁越しに聞いていた信長はその智勇兼備ぶりに感激し、自らの非をわびた。一鉄もまた懐中から短刀を取り出して、覚悟の上で席に臨んだ心中を明かした。

信長は自ら一鉄に茶を呈し、その心掛けを称揚した。

一鉄は信長とともに成り上がった尾張衆より、もともとずっと大身の武将で、信長や家康にも果敢剛直に物を言った。安土城普請祝いで信長に名物の瓜を贈ったり、信長から珍品八丈島織物を贈られたり。家臣斎藤利三（春日局の父）が明智光秀にくら替えしたのを信長がとがめたのが本能寺の変の発端とする説もある。一鉄と信長の関係はかなり深かったのだろう。

一鉄が名を上げた浅井・朝倉討ちは、信長にとって天下布武の重要な布石だったが、一鉄にとっては父と兄の弔い合戦でもあった。

大永五（一五二五）年八月、浅井・朝倉が美濃を攻めた牧田合戦で、父と五人の兄が戦死したために、長良崇福寺の小僧だった一鉄が呼び戻され、還俗して良通を名乗り、大垣・曽根城主という家督を継いだのだ。

あれから四十五年目の夏。一鉄は姉川南岸に陣を敷いていた。越前衆の先陣を買って出た徳川家康が、信長本隊の主力美濃三人衆の中から一鉄を望んで自軍の殿《しんがり》とした（布陣、戦況には諸説がある）。

元亀元（一五七〇）年六月二十八日午前六時。すさまじい合戦が始まった。

「御敵も姉川へ懸かり合い、押しつ返しつ散々に入り乱れ、黒煙立てしのぎを削り、鍔《つば》を割りここかしこにて思い思いの働きあり」。（『信長公記』）

一鉄はもみ合いの中でチラッと伊吹を見た。美濃から見るような、右になだらかな優しい山容とは違う。左右対象で、独りそびえる雄姿はことのほか美しい。

その時、信長隊に浅井勢が深く切り込んでいた。一鉄は危急を見て兵を回し、浅井勢の右翼を突いた。思わぬ横やりに形勢は逆転し、敵は小谷城へ敗走した。午後二時。戦いは終わった。

「野も田畑も死骸ばかりに候」。（『津田文書』）「北群衆、越前以下九千六百人討ち死に」。（『言継卿記』）膨大な死者に日輪が白く揺らいで降り注ぐ。血染めの姉川が炎暑に漂い一帯は血原と呼ばれた。

滋賀県長浜市と東浅井郡浅井町（長浜市）の境が姉川だ。野村橋を北に渡った浅井町側に「元亀庚申古戦場」と「姉川戦死者之碑」がある。西へ約一キロの三田村にも「姉川古戦場」の石碑が立つ。

信長は諸将の功を論じ、家康を一位、一鉄を二位として感状と名刀を授けた。

一鉄は信長から「長」の字をもらい、長通を名乗った。天正七年、六十五歳で子貞通に家督を譲り、一鉄と号して清水城に隠居した。

やがて妻（西三条藤原公条の娘）が死ぬと、その館を月桂院という菩提寺にした。もともと神仏に信仰厚く、大垣市の中川八幡神社や揖斐川町清水の八幡神社は一鉄が創建している。

姉川戦死者之碑（滋賀県長浜市）

天正十六年秋。子貞通が八幡城に封じられるとまもなく清水城で逝き、月桂院の妻の墓の横に眠った。

## 可成憤死　浅井・朝倉が反撃

元亀元（一五七〇）年八月。三好三人衆を討つため摂津・河内に出陣した信長に本願寺門跡の顕如が警戒を強め、各地の一向宗徒にほう起を呼び掛けた。

九月、一向宗徒二万人余が信長軍を襲撃。これに呼応して、姉川で一敗地にまみれた浅井・朝倉も、捲土重来《けんどちょうらい》と二万八千の大軍を率いて、湖北から京を目指した。

対する近江・宇佐山城の城将森可成は手勢三千。危急を知った信長が弟の織田信治ら兵二千を派遣するが可成、信治とも憤死する。

「このままでは南北から挟まれ、逃げ場が無い」

信長は摂津からとって返し、京都から近江・坂本に下る。浅井・朝倉連合軍はあまりの信長軍の速さにたじろぎ、比叡山に逃げ込んだ。

比叡山から琵琶湖を望む（滋賀県大津市）

比叡山はただの山門ではない。時に朝廷、幕府の権威をしのぐ宗門の牙城である。信長は内応を促し、背けば一山焼き払うと脅したが、素知らぬ顔だ。

信長は比叡山を包囲したが、押すに押せぬ、引くに引けぬ、こう着状態となって、無為に時が過ぎる。

十一月、尾張・小木江城が長島の一向宗徒に襲われ、弟の織田信興が落命した。本拠に火がついても、信長は動けないままだった。

冬になった。信長は一向一揆が、浅井・朝倉は本国の雪が気になった。天皇・将軍が調停に入り、この「志賀の陣」は和睦した。政治家信長は、切り札二枚を使って窮地を脱したのだ。

十二月も半ば、信長は大雪の中を岐阜に戻った。摂津出陣から四カ月ぶりだ。

信長はこの戦陣で美濃衆の雄・森可成を失った。

可成は美濃衆でいち早く信長の家臣になった。弘治二（一五五六）年の稲生合戦で参陣し、桶狭間、美濃攻めで武功を上げた。金ケ崎の撤退では、可成が朽木元綱を説得したから、朽木谷の難所を通過できた。姉川では、懐まで攻め入った浅井勢を可成隊がしのいでいる間に、一鉄隊が右翼から突いたのが勝因だった。いつも信長の有能な腹心だった。

横山住雄岐阜県史料調査員によると、可成は羽島郡笠松町田代の出身。「文亀、永正のころ、美濃国羽栗郡蓮台村の住人森越後守可勝とて文武兼備の壮士あり、大永三（一五二三）年、可勝男子をもうく。森三左衛門可成これなり」と、『金山記』にあるそうだ。

蓮台村は近世の田代村で、富田の聖徳寺で対面した信長と斎藤道三が、ここで別れたと伝わる地。可成は初め斎藤氏に仕えていたが、かなり早い段階で信長に転仕したらしい。

「天正十四（一五八六）年に木曽川が今の流路に変わるまで、今の羽島郡は美濃と尾張の勢力が常に混在していた。弱小の土豪たちは時局に応じてうまく対応しなければ生き残れなかったのでは」と横山。

可成は永禄八（一五六五）年、東濃攻めで関城主長井道利の支城だった可児郡の烏峰城を落とした。信長は東濃制圧の功賞として、可成にこの城を与えた。可成は金山城と改めて初代城主となった。

この城は道三の養子斎藤正義が天文六（一五三七）年に築いた。木曽川を北側直下に見下ろす天険の要害で、東山道に近く、恵那や加茂東部への道と兼山湊を抑えた東濃の要衝。山と川にへばりつくように帯状に連なる城下の町並みは、徳川家康が慶長五（一六〇〇）年にこの城を犬山に移してもなお、その歴史的風情を色濃く漂わせる。

二代金山城主森長可が父可成の菩提を弔うために創建した可成寺も、その風景の中にある。裏の墓地には可成や、敦賀・手筒山攻めで戦死した嫡子可隆、そして長可、蘭丸、坊丸、力丸の兄弟の墓が並んでいる。

「志賀の陣」がいかに信長に痛恨の窮みだったたか、翌年の比叡山焼き打ちの所業を見れば想像がつく。

信長は全山焼き打ちを命じたが、麓にある坂本の聖衆来仰寺だけは触らせなかった。同寺には、真雄上人の手で可成の遺体が手厚く葬られていたからだという。

## 比叡山炎上　天下震え上がらす「仏敵」

信長が無神論者かといえば、どうもそうではないらしい。だが、寺社勢力が強大で人々の神仏への恐れが並々ならぬものだったあの時代にしては、信長は異邦人に近かった。つまり、人々の神仏への恐れを逆手にとって、まず寺社を焼き払うことで侵略を有利に進めたり、行く手を遮ぎろうとした者は武力でなぎ倒した。単に征服すべき敵でしかなかったからだ。

美濃でも、信長の兵火で各務原の少林寺、羽島の西方寺、大垣の宝光院、谷汲の横蔵寺、養老の養老寺、柏尾寺、関の弥勒寺などが焼けた。

だが、その最たるものは、森可成の憤死から一年後の元亀二（一五七一）年九月十二日に始まり四日間も続いた比叡山の焼き打ちである。

『信長公記』は記す。

「根本中堂、山王二十一社を初め奉り、霊仏、霊社、僧坊、経巻一宇も残さず一時に雲霞のごとく焼き払い、灰燼《かいじん》の地となるこそ哀れなれ。数千の屍《しかばね》算を乱し哀れ成る仕合せなり。年来の御胸朦《もう》を散ぜられおわんぬ」

うっぷん晴らしにしてはあまりに罪な、著者太田牛一も驚くすさまじさ。三年後の伊勢長島一向宗徒二万人余の焼殺、その翌年の越前一向一揆農民三～四万人の虐殺と続く信長の大量殺戮《さつりく》の始まりである。

比叡山は三塔十六谷三千坊といわれた。近年の発掘調査では、根本中堂と大講堂で焼失した遺構が出てきたが、そのほかは焼土層があまり見られず、出土物も平安期の物が多かったという。どうやら比叡山の堂塔は永享七（一四三五）年の大火後、多くが廃絶し、僧の多くは山を下りて坂本の里坊にいたらしい。

「山門・山下の僧衆、王城の鎮守たりといえども行体行法、出家の作法にもかかわらず天下の嘲弄《ちょうろう》をも恥じず、天道の恐れをも顧みず、淫乱、魚鳥服用せしめ、金銀まかないにふけって、浅井・朝倉にひいきせしめ、ほしいままにあい働く」（『信長公記』）

僧の堕落ぶりがひどいからといって、信長は宗教的義憤から戒めようとしたわけではない。浅井・朝倉勢をかくまった敵対行為が許せなかったし、何と言っても京都の背後に位置する軍事上の要衝をわがものにしたい一心だった。その目的のために僧俗を問わぬ皆殺しもいとわなかっただけなのだ。

その時代の人は恐れおののき、公家は仏法破壊を嘆いたが、後世になると信長弁護論の方が多い。江戸時代の儒学者新井白石はその旗頭で「事は残忍なりといえども長く叡僧の凶悪を除けり。これまた天下に功あることの一つなるべし」と『読史余論』で称賛した。「天下統一」という目的のために何をやってもいいというのは、「平和維持」という名の下に戦争を繰り返す現代の権力者の発想に引き継がれてはいやしないか。

比叡山で唯一、焼け残った瑠璃堂は、釈迦堂から黒谷青龍寺の方に杉木立の道を下りて行くとある。アーチ型の窓や屋根のそりなど室町末期の様式を伝え、歴史の重みをずしりと感じさせる美しい建物だ。

これを見ると、千二百年の叡山の歴史やかけがえのない文化財が信長によって台無しになったのは誠に残念と言わねばならない。

大正時代末期、比叡山ケーブル鉄道敷設工事中、おびただしい石仏が発見された。焼き打ち犠牲者の供養に地元民が立てた石仏らしい。

## 小谷落城　長政、朝倉につき暗転

世渡りが下手なのか、ついてない男というのか、浅井長政はその器量を信長に見込まれながら、結局は二十九歳で自刃し、浅井氏三代の幕を引いた。

浅井氏は長政の祖父亮政の時、主君京極氏に背いて小谷城を築いた。この反乱に越前の朝倉教景の援軍を得た。朝倉・浅井の友誼はそもそもここに始まる。長政の父久政は軟弱で、六角氏の家臣の娘を長政の妻に強要されるなど屈辱的臣従を強いられた。

長政はクーデターを起こした。永禄三（一五六〇）年、弱冠十六歳で三十六歳の久政を隠居させ、妻は実家に追い返した。六角氏と戦えば常勝した。浅井の歴史では初めてのことだ。一気に江北有力大名にのし上がり、勢力を広げた。

信長は人物鑑識の天才である。市橋長利の仲介（稲葉良通という説もある）で、妹のお市を長政に嫁がせ、盟約を結ぶ。永禄十一年初めごろか、二人は互いを認め合う義兄弟になった。

だが、信長が朝倉討伐に立つと長政は苦境に陥る。お市につながる信長に思いを残しながら、父久政の言入れて朝倉側に付いた。運命はここで暗転した。

姉川で敗けた。志賀ではあと一歩で信長を逃した。

長政は難攻不落の小谷城を信長対策でさらに堅固に修築した。信長は何度も小谷に迫り、城下や木之本、余呉辺りに放火した。陽動作戦を繰り返しながら、妹婿長政が帰順するのを粘り強く待ったのかもしれない。信長にしてはいかにも手が遅いと思えるのだ。

逆に、長政にためらいはなかった。信長を討つしかない、その最大のチャンスがめぐってきた。本願寺顕如が画策した反信長包囲網に甲斐の武田信玄が加わり、動き出したからだ。

元亀三（一五七二）年五月、長政と朝倉義景は信玄と、信長を挟撃する約束をした。越前一乗谷の安養寺と郡上の遠藤胤勝がそれを仲介した。（奥野高広「武田信玄の西上作戦」）

十月、信玄は遠江・三河に向け出発した。信長は焦った。急ぎ上杉謙信に書状を送り、盟約を取り付けた。信玄と朝倉の背後を脅かすことでけん制する作戦だ。

一乗谷朝倉氏居館跡（福井市）

その窮余の策が奏功したのか、あるいは朝倉が無能の将なのか、小谷で信長と対峙《たいじ》していた一万五千の朝倉軍は、信長が岐阜に引いても動かず、そればかりか十二月になると越前に引き揚げてしまった。信長挟撃の最大の好機は霧散した。

信玄は、盟友に通告もせずに撤退した朝倉の無責任ぶりにあきれたが、明けて天正元（一五七三）年春には自分も病に倒れて死んでしまう。

信長は絶対絶命のピンチをまたも逃れた。長政にはこれが運の尽きだった。

信長は八月、山本山城の阿閉貞征内通の報を聞いて即座に岐阜を出、その夜のうちに月ケ瀬城を攻略。次いで小谷に向かっていた朝倉軍二万が慌てて引き返そうとするところを刀根坂で破り、一乗谷まで追撃して名族朝倉氏はあっけなく滅びた。信長は直ちに兵を返し、今度は孤立無援の小谷城を一気に落とした。浅井氏は滅びた。九月一日の昼のことだ。

長政は自刃する前に、お市と三人の娘を城から逃した。これは、信長の望みでもあり、長政の意思でもあった。最後の一点で長政と信長の心はつながった。

お市が絶世の美女だったからだろうか。信長の従姉という説もあるが、やはり血を分けた実の兄妹だろう。そうでなければ、この結末は理解できない。

お市はその後、美濃か尾張で暮らし、本能寺の変後柴田勝家に再嫁、半年後に秀吉の手で勝家とともに滅んだ。三姉妹は秀吉側室の淀君、京極高次室、それに徳川秀忠室の小督の方。小督の方は家光や千姫の母として織田の血を伝えた。

## 長篠合戦　新戦法の総合力で大勝

天正三（一五七五）年五月十八日。信長は徳川家康の救援要請を受け、武田勝頼に囲まれた長篠城（愛知県新城市）南の設楽《したら》原に出陣していた。

信長は数え四十二歳。思えば十五年前のこの日、土砂降りの雨のやみ間に乗じて今川義元を桶狭間に破ったのだ。だが、あの日無名の信長も今や天下人。東奔西走の戦の明け暮れのうちにも、戦術に磨きが掛かっていた。

まず、織田三万、徳川八千、合わせて武田一万五千の二・五倍の兵力を用意した。敵陣を隔てる連吾川沿いに空堀を掘り、岐阜から持ってきた棒杭《ぼうくい》で延長二・五キロの馬防柵を築いた。この柵で武田騎馬隊を阻止し足軽鉄砲隊の銃列を浴びせようという戦術だ。

ただ、天候と情報操作が不可欠な前提だった。桶狭間と同じといえば同じだが今は大雨は困る。肝心の火縄銃が使えないからだ。

もう一つ、情報戦が重要だった。敵を必ず柵の前に誘い出さねば、この作戦が成り立た

長篠城跡（愛知県新城市）

ない。そこで重臣佐久間信盛が武田に内応する工作をしたという。「信長は柵を突破されたらおしまいだと恐れおののいている」とデマを流したという話もある。

信長は勝頼の勝ち気な性格も読んだのだろう。信玄は「自分の死後三年は戦をやめ国力を養え」と遺言したようだが、勝頼は一年待たずして明知城（恵那市明智町）と遠州の高天神城を落とした。長篠進攻の陣中、「敵は手段に窮し縮こまっている。信長と家康を相手に今こそ本望が遂げられよう」と家老に手紙を書いた。（高柳光寿『長篠の戦』）

信長も同じ日、細川藤孝に「ついに敵

は設楽原に出てきた。必ず攻めて来る。その時こそ思い切り根絶やしにしてやる」と手紙を書いて意気込みを見せた。

その信長の術中に勝頼はまんまとはまった。

二十一日未明、大雨が上がるのを見定めて、信長は決戦の軍配を振るった。まず、長篠城に対する鳶ノ巣山砦などの武田勢を、金森長近らの兵四千が背後から急襲し敵を陽動した。勝頼は重臣馬場信房らの諫止《かんし》を押し切り突撃を命じた。戦は昼過ぎに終わった。無敵といわれた武田騎馬隊は、信長・家康連合軍の足軽鉄砲隊に大破され、馬場、山県昌景ら信玄以来の名将は次々討ち死にした。勝頼は従う者わずか数騎で、家宝の兜《かぶと》も愛馬も捨てて甲斐に逃げ帰った。

この合戦で、信長が三千の鉄砲を三段に分けて用いた、という有名な通説は裏付けに乏しい。太田牛一自筆の『信長公記』池田家本では鉄砲の数を当初千挺《ちょう》と書いているし、交代で撃ったとの記述はない。むしろ『信長公記首巻』には、信長が村木砦を攻めた天文二十三（一五五四）年に「鉄砲をとりかへ々放させられ」とあり、既にこの時、鉄砲をとりかえて撃つ戦法を使っていた。

鉄砲は天文十二年に種子島に伝来したという。その六年後、薩摩・島津氏によって初めて合戦に使われ、その後、西から普及した。

信長は幼時、橋本一巴に鉄砲を習った。斎藤道三と聖徳寺で会った時、弓・鉄砲隊五百をそろえ道三を驚かせた。その後、堺、国友という二大産地を抑え、豊富な財力で鉄砲の大量補給を可能にした。この新兵器の軍事力と得意の情報戦、それに馬防柵という新戦法の総合力こそ、長篠の大勝の勝因だったといえよう。

いまひとつ見逃せないのは、わずか五百の兵と長篠城を死守した弱冠二十一歳の城将奥平貞昌である。貞昌はこの武功を信長に絶賛され、信の字をもらって信昌と改名。家康の娘亀姫を妻とし、関ケ原合戦後は美濃加納城十万石の初代城主となった。

## 岩村の女城主　両雄の間で非業の死

天正三（一五七五）年六月。信長は長篠合戦の余勢をかって、嫡子信忠を総大将に大軍を岩村城に送り包囲五カ月の末、武田の名将秋山虎繁（信友）を滅ぼした。

虎繁はそれより七年前の永禄十一年六月、信忠と信玄の娘松姫の婚約の答礼に岐阜城を訪ね信長の歓待を受けた。信長の接待で鵜飼を見たその長良川で虎繁は逆磔《さかさはりつけ》にされた。（『信長公記』）妻も一緒に同じ極刑に処された。

「〝女城主〟という名称は昭和五十（一九七五）年から町の広報に〝妖艶の女城主〟という題で連載したのが始まり」と、恵那郡岩村町教育委員会嘱託樹神弘はいう。

「女城主は信長の叔母。永禄年間半ば、岩村城主遠山景任に嫁いだ。天正元年に虎繁が岩村を攻撃した時、城主景任は没し、信長の五男御坊丸（後に勝長）が養子に来ていた。しかし、御坊丸はまだ八歳で未亡人が後見役として活躍し、事実上の女城主だった」

信長は信玄に徹底した婚姻政策をとった。美濃と信濃境を治める遠山七頭の本拠岩村に叔母を送って織田方とし、最前線の苗木遠山家には妹を嫁がせた。

苗木の史実は『苗木城』（岸上耿久著）に詳しいが、信長は苗木城に生まれた姪を養女として、永禄八年武田勝頼に嫁がせた。翌年、信勝が生まれると信玄はのちにこの孫を跡継ぎとし織田、武田の絆は固まった。だが、血をつなぐ母は病死したため、信長は間髪入れず信忠に松姫をもらい受けることにした。

ところが、信長が上洛を果たし、信玄も上洛を図って軍を動かした時から織田・武田同盟は断絶。信忠との明日を夢見た松姫は、政略に引き裂かれた人生に絶望して出家の道を選んだ。

しかし、両雄せめぎ合う岩村に身を置く信長の叔母の場合は、松姫よりずっと残酷な運命が待っていた。

話は天正元年に戻る。

「城兵は一丸となって戦い、岩村城の堅塁を抜くことができなかった。虎繁は策を講じ、未亡人と結婚し御坊丸に家督相続させる条件で開城を迫った。女城主も城兵の運命を思って承諾し、開城して虎繁の妻となったが、御坊丸は約束に反して甲府の信玄の元に送られたんです」と樹神。

虎繁は五年前、岐阜からの帰途、岩村城に泊まり信長の叔母を見ている。信長の血族であれば、お市のような際立った美人だったかもしれない。敵将虎繁の意外な求婚に女城主の心は揺れ、ついに折れた。

「裏切ったな」と、烈火のごとく怒った信長は岩村城奪還後、城兵三千と虎繁夫婦の助命を許さず皆殺しにしたというわけだ。

「おのれ信長、われ女の弱さのためにこうなったものを……極悪の仕業、われは許すとも天は許すまじ。因果はめぐり、おのれも苦しき死にあおうぞ」。（『美濃国諸旧記』）

叔母のすさまじいばかりののろい通り、因果はめぐってくる。

天正十年三月。武田攻めの道中、岩村に泊まった信長に勝頼自刃の報が届く。信長はそこでもう一泊し、祝宴の薪能を楽しんだという。信玄最期の地とされる浪合（長野県阿智村）で勝頼の首実検をするために、わざわざ岩村に足を止めたかもしれない。

かがり火を見つつ戦勝に酔う信長の胸中に、武田と織田のはざまで非業の死を遂げた叔母の姿はあっただろうか。まして眼前の光秀の謀反で後に自らが死すことなど。

御坊丸は犬山城主になってまもなく本能寺の変に討ち死にする。武田攻め功賞で岩村城主になったばかりの蘭丸も同じ。その間の城主で甲斐一国を与えられた河尻秀隆も領民らに虐殺された。みんな信長とともに歴史の波間に消えた。

## 信忠の家督　岩村城奪還が契機？

家康の子信康に嫁いだ娘五徳の手紙で信康と姑の築山殿が武田に内通していることが分かり、信長は家康に二人を断罪させた。（『三河物語』）

これが史実かどうかは別にして、ポスト信長を背負って立つ信忠のライバルが一人、ここで脱落したことは確かだ。

フロイスが岐阜城で信長に接見した時、信長は信忠兄弟をそばにおいてかわいがっていた。

信忠が一人立ちすると有能な武将を後見に付けている。能にこり過ぎた信忠から道具を取り上げて梅若大夫にやってしまったり、親子喧嘩《げんか》をしたり。とにかくいっぱしの父親像がうかがえる。

しかし、信忠が初めから嫡男の地位にいたとは思えない。長男といっても側室の子であり、すぐ下に弟信雄と異母弟信孝もいた。

兄弟で差がついたのは永禄十一（一五六八）年二月に信孝が神戸氏の養子に、永禄十二年十月に信雄が北畠氏の養子となって岐阜を出てからだ。

二人は信長の政略の道具になった形だが、信忠とて永禄十年十一月、武田信玄の娘松姫と婚約したのも政略以外の何ものでもない。当時の両家の羽振りからいえば、武田の人質に差し出されるような縁組だった。

その後、信忠は松姫との約はそのままに兵庫多田城主塩川長満の娘鈴姫（徳寿院）を室に迎えるのだが、信長はこの地にある銀山が目当てだったという説があって、どこまでも政略説はついて回る。

ならば信長は一体いつ信忠を見込み、家督を譲る気になったのだろうか。

『信長公記』に「天正三（一五七五）年十一月二十八日、信長御家督秋田城介（信忠）へ渡し進ぜらる……尾州・濃州ともに御与奪なされ」とある。信忠が岩村城を奪還した直後のことで、これで信忠の力量を見定めたのか、信長は茶道具だけを持って岐阜城を譲り渡し、翌年早々に安土城下に引っ越してしまう。

ただ、家督譲与といっても隠居したのではない。濃尾二国の分国支配は信忠に任せ、信長自身はいよいよ天下人として一段高い位置に立ったのである。

渡辺江美子の論稿によると、永禄十二年十一月の長命寺文書や、元亀二年六月の崇福寺文書は、まだ寄（奇）妙という幼名のままだった。翌年正月に元服、七月の小谷攻めで初陣。元亀四年七月ごろに信重と改名し、天正二年正月から信忠となった。信重となったころから権限を少しずつ譲られ、濃尾二国をもらう天正三年末には花押もがらっと変わるというわけだ。

信忠を名乗った天正二年正月は、谷口克広によると信忠軍団が尾張衆の一部と東濃衆によって武田方面軍として成立した時。信長は同五年三月の雑賀攻めを最後に第一線で指揮を執ることはなくなり、その後はおおむね信忠に代わった。同八年八月の重臣追放で信忠の両国支配は完全になり、軍団もひと回り大きくなった。同十年に武田を討伐すると甲斐、信濃まで包括する。織田政権の軍事担当として信忠の存在は大きい。

では、信忠は一体どんな人物だったろうか。宣教師ガスパル・コエリョが天正九年に総長に送った手紙にこんなくだりがある。

信忠は、「キリスト教の第六戒（汝《なんじ》、姦淫《かんいん》するなかれ）を免除して多数のキリシタンを得ることは、この戒を厳守してその帰依を防ぐるに勝っている」と述べ、彼自身が第一に帰依するであろうと言った……。

信忠は後に見るように随分と岐阜城下のキリスト教布教を援助しているが、このこだわりは父に配慮してのことだろう。信長は多数の側室を持ち、信忠自身が側室の子だった。信長は都で妻を取り換えたキリシタン武将の不品行を戒め収入を没収し追放した。入信したなら戒を守れという父の声が信忠の言葉に表れた。

大き過ぎる父の影で忠実に生き、本能寺で倒れた父の後を追うように討ち死にした。

## 金山越し「犬山城移築」の真実は？

尾張と美濃の境に建つ犬山城は、信長とともに歴史を刻んだと言っていい。三層四階の望楼式天守の美しい姿は岐阜県民にも広く親しまれており、木曽川の対岸べりに生まれ育った横山住雄岐阜県史料調査員にとっては格別思いの深い城である。昭和四十(一九六五)年春まで三カ年をかけてこの天守の解体修理が行われたが、この結果、従来から信じられてきた美濃金山（兼山）城を移築したという〝金山越し〟の伝承が否定された。「移築の跡がない」というのがその理由で、天文六（一五三七）年に織田信康（信長の叔父）が築造した建物との「公式見解」が出された。

横山は法隆寺を解体修理した大工頭西岡常一や、丸岡城天守の修理主任だった井伊長善に、移築否定説の最大の根拠は柱や梁《はり》、桁《けた》のほぞ穴に記されている番付（符号）が一種類しか見当たらず、釘穴も一つしかないことをただした。「番付は二種類ある方がおかしい、釘穴は後で大きめの釘を同じ穴に打てば建物の狂いがなく、穴も一カ所だけしか残らない」と。

やがて大きな疑問が生まれた。史実を調べると犬山城は初め木ノ下城として犬山市犬山愛宕町にあり、次に三光寺山に移り、現在地に城が建ったのは慶長年間ではないか。そして、石垣の年代と土台工法に注目すると、どう考えても天文年間に建ったような城ではない。

横山は言う。

「犬山城天守の石垣は、角度から見て慶長六（一六〇一）年に金森長近が築いた小倉山城（美濃市）と同年代とみられる。土台を使って石垣の天端いっぱいに建てている点でも天文のものとは考えられない。一方、天守の一、二階は松、栂《つが》などの雑木を手斧《ちょうな》と槍鉋《やりかんな》で削っているのに、三、四階はほぼ総桧で台鉋削り。下層と上層では明らかに建築の年代が違う。要するに慶長の石垣と土台の上にそれ以前の建築が載り、その上にまた新しい建築が建っている。これは移築をした場合でしかありえないと思うんです」

昭和四十一年に金山城天守台の発掘調査が行われたが、その大きさは犬山城天守とぴったり合致したという。

横山は「やはり犬山城の前身は金山城だったのでは」と改めて強調した上で、その城の生い立ちをさらにこう説明した。

「金山城は天文六年に斎藤道三が養子斎藤正義を烏峰城（金山城）に配した時に建ったとされるが、恐らくは信長にこの城を与えられた森長可が天正四（一五七六）年ごろに造営したもの。石川光吉が慶長五年に三光寺山から現在地に城を移す時、徳川家康に拝領した金山城を破却して天守を木曽川水運で運び、新たに築いた石垣上に土台をつけて上層を増築した。兼山町の人たちが武者姿にふんして犬山城を訪れて『この城の前身は金山城なり』とアピールしたことがありました。私はこの人たちの主張が正しいとみています。間違いは一生かかってもただださなければ」。横山は、真剣な表情でこう言うのだ。

## 奇跡の城　武田防御の拠点、小里城

「変形多角形で穴蔵式の安土城天守台の原型とみられる石塁が、東濃の山の上に造りかけのまま残っている。信長が試験的に造らせたいわば近世城郭への過渡期の記念碑で、山の上だから今まで残った。全く〝奇跡の城〟ですよ」

岐阜県文化財保護協会事務局長で林春樹東海古城研究会長が言う奇跡の城とは、瑞浪市稲津町小里の俗称城山（四〇四メートル）に残る小里城跡（岐阜県史跡）のこと。

『信長公記』によると、天正元（一五七三）年に武田勢に岩村城を奪われ、翌年一月には明知城も落とされたため、守りの拠点として信長が神篦城《こうの》（鶴ケ城）と小里城を築かせ、河尻秀隆と池田恒興をそれぞれ城将に置いた。だが翌年、長篠合戦に大勝し岩村城奪還にも成功したため工事は中断され、山上の小里城は造りかけたままで残ったといわれる。

安土築城はその直後の天正四年からで、小里城の変形多角形の石塁が安土の原型という見方は昔からあった。しかし、一般に知られるようになったのは、林らが実地調査して発表した昭和四十年代から。五十三年に「あの石塁は天守台ではない」と異説も出たが、実際どうなのか、現地へ飛んだ。

瑞浪から明智に向かう県道を南進して小里盆地に入ると、眼前にそびえる山が城山。山道に入り「御殿場跡」の碑が建つ広場から三十分も急坂を登ると山頂に出る。初めの曲輪の上に避難小屋があり、一段高い頂上部に問題の石塁がある。一辺が数メートル程度のこぢんまりとした石組みで、上にはもちろん何もない。

堅固な地形で展望抜群。絶好の防御拠点だったことは間違いない。石塁の内部に「小里住民之神霊」の札を納めた小さなほこらが建っていた。

「外側は自然石を組み入れて不等辺六角形をなし、内側は不等辺五角形をなしているという珍しい遺構である。(中略)この縄張り指図は明らかに信長の頭脳から生まれたもので、彼の奇抜な発想を、この穴蔵式天守台の形式にはっきり読み取ることができる」(林春樹『美濃の城』)

一帯は天然林で桜や紅葉《もみじ》、栂《つが》や熊野水木《くまのみずき》などの木立の中はまるで石切り場。大小無数のかこう岩の、ある物は三つ、四つに割られ、ある物は石割りのタガネ跡が表面に鮮やかに残っている。こんな巨石が山頂にあったとは思えない。人海戦術でここまでエイヤと引き上げられたのだろう。

これが信長時代の遺物とすれば、天下布武の道を猛進していた信長の権勢をうかがうことができるし、築城工事に駆り出された庶民らの息せき切った重労働の手の跡の化石とも読み取れる。

元瑞浪市史編さん委員長渡辺俊典は「望楼のようなものと思うが、これが安土城の原型という見方は大事にしたい」と前置きして、こう話してくれた。

城山は江戸時代は天領で、明治から御料林。昔から立ち入り禁止で大蛇がいるとか竜神か雷神が住むといって、村人もたたりを恐れて近寄らなかった。大木やツタが茂って行こうにも行けない深い山だった。

昭和になって郷土史に関心を持つ安藤磯七、加藤精一といった古老が登ってみたら、頂上に石垣らしきものがあった。戦後、二十九年ごろ、再びメンバーが集まって石塁の南側が壊れていたのを修築した。あとは昔のままの石塁なんです。

信長は武田が怖くてしょうがなかった。あんな簡単に倒せるとは思わず、防御の最前線としてあの城を築かせた。あの時の信長でなければ、だれもそんな必要は感じなかったはず。

一方、この信長の城説に否定的で、「安土以後の可能性もあるのでは」と横山住雄岐阜県史料調査員。

いずれにせよ、築城年代を決定づける史料は現在、何もない。

## 安土城論争　急な石垣のこう配に疑問

天正四（一五七六）年の安土築城の前に、信長は本当に瑞浪の小里城に変形多角形の穴蔵式天守台を試験的に造ったのだろうか。

「歴史的にも築城技術史から言っても恐らくは〝ノー〟。第一、安土天守のとらえ方にも疑問がある」

こう語るのは横山住雄岐阜県史料調査員。その論拠を詳しく聞いてみた。

「小里城は本能寺の変の後、信長の跡目争いの戦乱に巻き込まれて、もう一度緊迫した時があるんです」

そう言って横山が示した史料は、天正十一年後正月（閏《うるう》年の二度目の正月）、信長の三男で岐阜城主の信孝が小里助右衛門にあてた手紙。信孝は越前北の荘城の柴田勝家と連絡を取って秀吉征討の戦を起こしていたが、その最中《さなか》のことだ。

敵がそっちへ行く気配がある。堅固に守っているのはいいことだ。森長可（金山城主）が鉈尾《なた》（美濃市）に動くようなので五千の兵を救援に向かわせた。加治田衆も出してはさみ討ちにする。明知勘左衛門（明知城主）と相談し、敵の動きに備えよ

大略こんな内容である。

「信孝はこの年春には秀吉に滅ぼされてしまうんですが、小里氏はこの時にも城を固める必要に迫られたと考えられるんです」

横山は続けた。

「それに石垣のこう配は古いほど緩やかで、安土天守は約五〇度、同じ年とされる丸岡城（福井県坂井市）天守は約六〇度です。それが慶長六（一六〇一）年に金森長近が築造

した小倉山城（美濃市）になると約七〇度になる。小里城の石塁は天正二年にしてはこう配が急過ぎると思う」

横山はそう言って、『城　知恵と工夫の足跡』という本を取り出した。建築学者伊藤ていじの著書で、城の石垣のこう配の決め方など簡明に解析されている。

「この本でもう一つ教えられるのは土台工法についてです。昔は寺も宮殿も石の基礎の上に柱を建てた。現存する丸岡城は実際そうなってる。姫路城天守のように石垣の天端いっぱいに建てられるようになったのは土台が考案されてからだというんです。どうも天正十年代の後半にならないと、天守にせよ櫓にせよ、石塁の上にぴったり建物を建てることは無理だった」

この見方で城を考察すると、安土城はどうなのか。

「不等辺八角形の石塁上いっぱいに不等辺多角形の天守が建つとする解説はやはり疑問」と横山は言う。

安土城は完成してまもなく焼失した〝幻の城〟だ。天正十七年に遣欧少年使節がローマ法王に贈った「安土山屏風」に描かれていたはずなのだがこれが行方不明のために形は推定するほかなく、学会でも論争が起きている。

通説というのは、昭和五十一（一九七六）年に当時名古屋工業大学助教授だった内藤昌が発表した不等辺多角形天守説。新発見の「天主指図」を基に『信長公記（安土山御天主之次第）』を資料にして推定復元した奇想天外な意匠は、安土城郭資料館（滋賀県近江八幡市）に展示模型があり、本でもよく見掛ける。

一方、内藤説が出た翌年当時東京大助手だった宮上茂隆が、多角形石塁上でなく、その内側のもう一列の石垣の上に方形で建つとする新説を発表した。

宮上は「天主指図」は後世のものとして史料価値を退け、また「安土山御天主之次第」の原本「安土日記」こそ一等史料とした上で、安土城を築いた熱田大工岡部家が手掛けた名古屋城などの例を基にむしろオーソドックスな建築を細部まで復元してみせた。そして先に紹介したように「岐阜城こそ安土天主（天守）の原型」と論じている。

宮上説のように安土天守が変形多角形の石塁上に築かれたものでないとするなら、信長が小里城でそれを試みる意味もなくなる。

# 終章　本能寺

## 本能寺の変

天正十（一五八二）年六月二日、本能寺で信長は死んだ。数え四十九歳。まさに「人間五十年、下天のうちをくらぶれば夢幻のごとくなり」で、天下統一に生涯を全うし、彗星《すいせい》のように歴史のかなたに消えた。

信長のこの非業の死を九年前に見抜いた男がいる。毛利の外交僧で安芸・安国寺の住持恵瓊。彼は、信長時代は三年五年は続くだろうし、公家にもなるだろうが、その後は「高転びにあおのけに転ばれ候ずるとみえ申し候」と手紙に書いた。（『吉川家文書』）

この年の二月と四月に、相次いで巨大な彗星が現れ、安土城を赤く染めた。この現象に宣教師は不吉な予兆を悟り、信長横死を「神となろうとしたために天罰が下った」と受け止めた。（『イエズス会日本年報』）同じ彗星を奈良・興福寺で見ていた学僧は、覇者の死に盛者必衰のことわりをみた。（『多聞院日記』）

もう一人、結末を知っていた男がいる。クーデター首謀者の光秀本人。「時は今天が下

明智光秀の塚（京都市）

しる五月かな」と三日前、愛宕山の連歌会で光秀が詠んだ時、連歌師里村紹巴は「花落つる流れの末をせきとめて」と受け、暗に光秀の野望をいさめたのでは、という有名な話がある。紹巴、ひょっとしたら感付いていたかもしれない。

ただ光秀も、老ノ坂を越え「敵は本能寺」と見定めた時、自身の運命については知るよしもなかった。

信長はどうか。当然まさかの気持ちだったろうが、光秀軍と聞いて「是非に及ばず（やむを得ない）」と歴史的な名文句を口にした。さらに、弓を取り槍を振るって戦いながら、「女は苦しからず、急ぎまかり出でよ（苦しゅうない、女は早く逃げよ）」と言ったという。

（『信長公記』）

人は死の一瞬、最も心を打たれた場面が脳裏によみがえるという。信長の胸に去来したものは何か。それはきっと若き日にあこがれた美濃に違いない。自らの努力と才覚で征服し夢を具現させた岐阜城。天守から眺める伊吹山の夕映え。長良、木曽の大河がうねる雄大な濃尾平野。それとも懐かしき帰蝶（濃姫）か……。

本能寺で森蘭丸、坊丸、力丸の三兄弟も死んだ。可児郡久々利出身とみられる久々利亀の名も見える。

また、二条御所で信忠に殉じた美濃の武将に船木・呂久を領した松野平介がいる。今も松野姓が多い穂積（瑞穂市）辺りの出かもしれないが、江戸時代の儒学者山鹿素行は勇武の士とたたえ、維新の志士を育てた吉田松陰は自分の先祖としている。

このほか、甲斐・恵林寺焼き打ちの奉行を務めた赤座永兼、猪子高就、斎藤利治（道三の子）、坂井越中守、野々村正成の名も見える。信長・信忠と運命を共にした者に美濃出身者がこんなにも多いことには、心を動かされる。

一方、美濃加茂出身説のある蜂屋頼隆は、信孝に従軍して四国に渡ろうとしていたが、

〝備中大返し〟の秀吉軍に合流した。

また、秀吉の検使として備中高松に赴いていた茜部出身の堀秀政も、秀吉と共に行動して山崎で光秀を討ち、秀吉の天下取りの貢献度大として北の荘城主の地位を得た。

安土では多芸出身の丸毛光兼が留守番をしていたが、信長の母土田御前や正室帰蝶、側室鍋らとともに蒲生賢秀の日野城に逃れた。

美濃では岐阜城がかなりひどい略奪にあった。一時、岐阜城を占拠した斎藤利堯（道三の子）は、光秀が滅びると秀吉に城を明け渡した。

美濃三人衆の一人、安藤守就父子は二年前に武田内通の罪で追放され武儀郡谷口（関市）にいたが、混乱に乗じ旧北方城にこもって旧地回復を図った。だが、稲葉良通（一鉄）父子に攻められ、むなしく討ち死にした。

信長・信忠が消え、再び美濃が戦場と化す中で信孝も消え、関ケ原合戦で西軍に付いた秀信の岐阜城が落ちると、ついに信長の残照も消えてしまう。

美濃は徳川の天下で、またその姿を変えていくのである。

## 信長観　その「死」に歴史的意味

豪華絢爛《けんらん》な安土城はなぜ焼失したのか。光秀はなぜ謀反を起こしたのか。遺恨か、野心か。それとも光秀冤罪《えんざい》説、あるいは直臣斎藤利三か正親町天皇によるそそのかし説か。遺体が不明だったことから「信長生存説」までが飛び出している。

それにしても信長によって日本は世界に開かれた。後は秀吉、家康がそれぞれに新しい時代を築いていったのだが、信長が死なければそれも始まらなかった。それを思えば光秀の殺意がどうあろうと、信長の死こそ歴史的意味があった。信長には悪いが、仮に生きて薩摩に逃げていたとしても何ほどの問題でもない。

そして信長は後世、何度もよみがえるのである。

江戸中期の儒学者新井白石は比叡山焼き打ちの罪より政教分離の功を強調した。（『読史余論』）幕末・明治の政治家勝海舟は「租税を軽くし民力を養い大いに武を天下に用うるの実力を蓄えた」と民政をたたえた。（『氷川清話』）

評論家徳富蘇峰は「国家主義に傾倒し、国史研究家田中義成の尊皇信長論は門下の平泉澄の皇国史観の中で軍国日本にあまねく浸透していったのである。岐阜市忠節町は信長が自分のために忠勤を抜きん出てくれた戦死者の遺族とか勇士の家を集めて造った町です。顕彰法でもあろうし、特権を与えたというわけです」（『近世日本国民史』）

「信長の再認識ですね。皇室を尊び、神宮を崇《たっと》ぶというあの純忠の信長精神を顕揚することは昨今、特に意義がある……」。これは戦前の新聞、岐阜県郷土史調査会の座談会「織田信長を語る」の一節だが、この傾向は昭和十（一九三五）年刊（十三年増訂）の『我等の美濃史』なる史本にさらに顕著で、信長成功の原因の第一は「わが国体に鑑み、皇室中心主義を遵奉したから」だというのである。

同書で満州国外交部次長大橋忠一は序文に「信長は常に捨て身の覚悟で事に当たった。彼のやり方はどこまでも徹底的で敵手のせん滅を期した。彼は部下に対しても人民に対しても、峻厳鉄のごとき統制力を行使した……彼は幕府を廃して皇室を尊崇し、天皇の御名において天下を統一せんとした……重大時局に直面する日本は、まさに彼のごとき革新的指導者を必要とする……」と書いている。

このように軍国日本は信長をたたえた。今では信長が単なる尊皇でなく、実際はもっと複雑な駆け引きをしていたことが解明されつつあり、「信長は天皇に挑んで負けた」という著書（今谷明『信長と天皇』）さえ出ている。

翻って考えれば、時代が歴史をつくり、信長をつくるということだ。それなら今は、どんな時代を物語るのだろうか。

「戦前は国家主義的な形の中で楠正成や乃木希典、信長が語られたが、今は違う。国家より人間そのものが問題となる。岐阜を発祥の地として自由経済を広めた信長には親近感があるし、ソ連崩壊やＰＫＯ、中近東の宗教戦争を信長を通して見直す人もいる。それに文化的におしゃれで心の内に破たんを持った信長の人間的な魅力がブームの原因では……」と、小瀬洋喜岐阜市立女子短期大学長は分析する。

信長は美濃を「世界」に開いた。美濃がまた、世界の中で輝きを増すために、信長を一過性のお祭りで葬ってはなるまい。信長と美濃をめぐる地域の歴史研究は、まだ始まったばかりなのである。

# 織田信長と天下

土山 公仁

信長ほど「天下」という言葉が似合う男はいない。日本の歴史の中で、平家を滅ぼして強力な武家政権をうちたてた源 頼朝も「天下の草創」をうたっていたし、南北朝時代の騒乱を記した『太平記』にも天下という言葉は頻繁に登場する。けれども、今日「天下統一」というキーワードは、信長から秀吉、家康へひきつがれる時代だけを意味するようになってしまった。その理由は、信長が「天下」を乱用してみせたからである。

信長は「天下」概念をどのように手にいれたのだろう。信長の尾張時代、信長を含めた尾張の武将たちは「天下」という言葉を「文書」には使っていない。一方、美濃地方では永禄四（一五六一）年ころから使われるようになっている。もともとは、岐阜市崇福寺の快川紹喜ら禅僧たちが信長のライバルだった斎藤義龍に対して身分の垣根をこえて堂々と非難を浴びせるための魔法の言葉として使いはじめたのである。その時、斎藤家と禅僧たちの交渉役だった一人が武井夕庵で、夕庵が禅僧たちの手紙を真似て、武家文書、いわば公用文に「天下」を取り込んだのである。永禄九年、斎藤勢が信長を河野島で打ち破り、甲斐の武田氏に報じたことがあった。その中で信長は「天下の嘲弄《ちょうろう》」と糾弾されているが、その文書に筆をふるったのも夕庵であった。夕庵が信長に仕えるようになると、信長も「天下」を意識するようになった。

本書でも書かれているように、信長が「天下布武」印を使い始めたのは永禄十年十一月からである。その文言は「岐阜」の地名と同様、美濃の大宝寺で修業し、信長の教育係でもあった沢彦宗恩がアドバイスしたという。

「天下布武」は、自らの武力で天下統一をめざすという意味であったと従来解釈されてきた。しかし、信長はこの時期、京都上洛を目指して、越前朝倉氏のもとに身を寄せていた足利義昭を岐阜に招く工作をすすめており、「天下布武」が前述のような意味であったとすれば、義昭がのこのこ信長のもとに出向いてくるはずはなかったろう。義昭にとって、「天下布武」は天下の中心である京都に武家の代表である将軍として義昭を布く（配する）という意味に思えたに相違ない。他の戦国武将たちも「天下布武」を「義昭京都復帰プロジェクト」程度に理解していたのではないだろうか。もし、そうであったとすれば、永禄十一年、信長が京都上洛を果たし、義昭を将軍にすえた時点で「天下布武」の役割は終わっていることになる。けれども信長は「天下布武」印を終世使い続けた。

信長は京都上洛を計画していた頃、天皇側近の貴族にも「天下布武」印を捺した手紙を送っている。天皇や貴族たちには、この言葉をどのように感じただろう。「天下布武」はもともと儒学の『礼記』にある「堂上接武　堂下布武」（堂の上では足が接するように歩き、堂の下では布幅程度で歩く）のパロディである。信長の父、信秀も朝廷にたびたび献金し、朝廷も織田家に対し、期待と好意を寄せていたと思われるが、ここで『礼記』をもちだすことで、信長が経済力や武力だけでなく、礼儀もわきまえた武将であることを示す好感度アップ作戦でなかったろうか。

しかし、信長がめざす「天下布武」が、義昭や朝廷にとって都合のよいものばかりでなかったのが明らかになってきたのは、永禄十三年である。一月二十三日、信長は五箇条の条書を義昭に送り付け義昭に印を捺させた。その中で、信長は「天下」が自らに委任されたことを高らかに宣言し、同日付けで、近隣の諸大名に本来、将軍が天皇から委託をうけた平和維持活動である「天下静謐《せいひつ》」を名目に京都上洛を促した。そして、それに従わなかった朝倉義景攻めに着手し、信長を中心とした戦乱が全国に広がることになるのである。以後、信長は「天下」という言葉をさまざまな意味で使ってみせるようになる。信長は「天下」という観点から将軍足利義昭の行動を牽制、非難するとともに、「天下のため」という言葉で自らの行為を正当化し、同調者を求めた。一方で、信長は武将や職人たちにも「天下一」という称号を与え、「天下」は日本中の人々が追い求める流行語になったのである。信長とともに「天下」はバブル化し、「天下布武」も武力制圧のスローガンとして認識されるように変わっていったのだ。

しかし、もともと美濃の禅僧たちが使ってみせた「天下」こそ信長的「天下」のルーツであることに変わりはない。戦に強かったり、権謀術数に長けていれば、戦国時代を生き延びることはできただろう。しかし、新しい時代を創りあげるのには、新しいビジョンを掲げ、コンセンサスを得るまで広報し続けなければならない。その意味で、信長を戦国武将から天下人へと押し上げたのは、禅僧たちが育んだ美濃地方の文化であったともいえるのではないだろうか。

| | | |
|---|---|---|
| 1569 | 永禄 12 | 5 月、フロイス、岐阜で信長と会う |
| 1570 | 元亀 1 | 1 月、信長、足利義昭に 5 ケ条を承認させ、畿内近国の諸大名に上洛を促す。4 月、信長、朝倉義景攻めに着手するが、浅井長政の離反を招き撤兵する。6 月、姉川の戦い。9 月、石山本願寺挙兵 |
| 1571 | 元亀 2 | 9 月、比叡山焼き打ち |
| 1572 | 元亀 3 | 1 月、信忠、信雄、信孝三兄弟元服。12 月、三方ヶ原の戦いで織田・徳川敗れる |
| 1573 | 天正 1 | 4月、武田信玄没。 7月、信長、足利義昭を京都から追放。 8月、信長、刀根坂の戦いで朝倉義景を破り、一乗谷を攻め朝倉氏を滅ぼす。続いて、小谷城を攻め、 9月に浅井長政を滅ぼす。 |
| 1574 | 天正 2 | 9 月、伊勢長島を落とす |
| 1575 | 天正 3 | 5 月、長篠の戦い。11 月、信忠、岩村城を落とす。11 月、信忠に家督を譲る |
| 1576 | 天正 4 | 2 月、信長、安土城へ移る |
| 1578 | 天正 6 | 3 月、上杉謙信没 |
| 1579 | 天正 7 | 5 月、安土城天守閣完成 |
| 1580 | 天正 8 | 閏 3 月、信長、本願寺と和議 |
| 1581 | 天正 9 | 2 月、信長、京都で馬ぞろえ |
| 1582 | 天正 10 | 3 月、武田勝頼自殺、武田氏滅びる。6 月、本能寺の変。信長没 |

# 関連略年表

| 西暦 | 年号 | おもなできごと |
|---|---|---|
| 1534 | 天文 3 | 5 月、勝幡城で織田信長、生まれる（吉法師） |
| 1546 | 天文 15 | この年、吉法師元服し、三郎信長を名乗る |
| 1547 | 天文 16 | 大浜城攻めで信長、初陣 |
| 1548 | 天文 17 | 織田信秀と斎藤道三和睦。のち信長、道三の娘濃姫（帰蝶）と婚姻 |
| 1552 | 天文 21 | 3 月、信秀没し信長家督継ぐ |
| 1553 | 天文 22 | 4 月、信長、尾張聖徳寺で斎藤道三と会う |
| 1554 | 天文 23 | 5 月、那古野城から清洲城へ移る |
| 1556 | 弘治 2 | 4 月、長良川の戦い。斎藤道三、子の義龍に討たれる |
| 1559 | 永禄 2 | 2 月、信長、初上洛、将軍足利義輝に拝謁。この年、信長、尾張・岩倉城を開城させてほぼ尾張を統一する |
| 1560 | 永禄 3 | 5 月、桶狭間の戦い。信長、今川義元を討つ |
| 1561 | 永禄 4 | 5 月、斎藤義龍没、龍興継ぐ。森部の戦い。十四条、軽海の戦い。 |
| 1562 | 永禄 5 | 1 月、信長、家康と同盟 |
| 1563 | 永禄 6 | 清洲城から小牧山城に移る |
| 1565 | 永禄 8 | 7 月、覚慶（足利義昭）奈良を脱出、翌年、越前に移る。8 月、犬山城攻略し、鵜沼城、猿啄城を落とす。9 月、麒麟の「麟」の字をデザインした花押を使いはじめる |
| 1566 | 永禄 9 | 3 月、近江・矢島に滞在する足利義昭が信長に、龍興との和睦と上洛を要請。　閏 8 月、信長、木曽川を渡り河野島に進入するが大敗 |
| 1567 | 永禄 10 | 9 月、信長、稲葉山城を落とし入城「岐阜」と命名。10 月、加納に楽市を認める（「楽市楽座」）。11 月、信長「天下布武」の印を使用 |
| 1568 | 永禄 11 | 6 月、信長、武田信玄の使者、秋山虎繁（信友）を長良川鵜飼に招く。9 月、信長、足利義昭を奉じ上洛。10 月、義昭将軍となる。信長、畿内を平定 |

協力者・写真提供者（敬称略・順不同）

岐阜市
愛知県津島市
福井県観光連盟
福岡県みやま市教育委員会
安土山保勝会
犬山城白帝文庫
岐阜市歴史博物館
神戸市立博物館
円徳寺
常在寺
瑞龍寺
長興寺
立政寺
土山公仁
福田弘二
松尾一

本書は岐阜新聞に 1992 年 1 月 5 日から 12 月 27 日まで 52 回連載した「信長と美濃」を収録したものである。取材は岐阜新聞永井豪記者（当時）が担当した。

なお本文中、肩書はそのままとし、原則敬称を略し、地名は（　）内に現在の自治体名を加えた。また適宜、文章を加除した。ご了承願いたい。本文中の注書きは監修者による。

監修者
**土山公仁**（つちやま・きみひと）
1956年生まれ
名古屋大学文学部史学科卒
岐阜市歴史博物館学芸員
著書は『金華山と岐阜の街』（共著）まつお出版、『織田信長―その求めた世界』（共著）岐阜新聞社、『図説関ケ原の合戦』（共著）岐阜新聞社、『石田三成 野望！関ヶ原』（共著）新人物往来社、『戦国時代人物事典』（共著）学研、『戦国武将の合戦図』（共著）新人物往来社、『戦国大名と政略結婚』（共著）新人物往来社、『岐阜県謎解き歴史散歩』（共著）新人物往来社など多数。

執筆者
**永井 豪**（ながい・たけし）
1951～2017年
元岐阜新聞編集委員・論説委員。
著書は『恵那山と生きる』（岐阜新聞社）、『海馬島脱出』（まつお出版）。ほかに岐阜新聞社出版局企画・編集『遥かなる道―松野幸泰とその時代』、岐阜新聞社編集『緑の時代 山は語る』『ぎふ海紀行』、岐阜新聞「ぎふ海流取材班」編著『ぎふ海流』（第26回農業ジャーナリスト賞）などに携わる。発行はいずれも岐阜新聞社。2014年から中京テレビ放送岐阜支局記者。

岐阜新聞アーカイブズシリーズ 3

信長と美濃

| | |
|---|---|
| 発行日 | 2017年9月23日 初版 |
| | 2019年8月23日 第2版 |
| 監　修 | 土山公仁 |
| 発　行 | 株式会社岐阜新聞社 |
| 発行所 | 岐阜新聞社 出版室 |
| | 〒500-8822 |
| | 岐阜市今沢町12 岐阜新聞社別館4F |
| | 電話 058-264-1620（出版直通） |
| 印刷所 | 岐阜新聞高速印刷株式会社 |

※ 価格はカバーに表示してあります。
※ 落丁本、乱丁本はお取り換えします。

ISBN978-4-87797-248-6